心静的力量

静心能去浮躁；
静思能除烦恼；
静观能得经验；
静养能健心脑；
静默能明事理；
静坐能躲干扰；
静处能消杂念。

浩晨·天宇◎编著

中国言实出版社

图书在版 编目(CIP)数据

心静的力量 / 浩晨・天宇编著. -- 北京 : 中国言实出版社, 2017.1

ISBN 978-7-5171-2214-2

Ⅰ. ①心… Ⅱ. ①浩… Ⅲ. ①成功心理—通俗读物 Ⅳ. ①B848.4-49

中国版本图书馆CIP数据核字(2017)第014074号

责任编辑： 宫缓缓
封面设计： 浩　天

出版发行　中国言实出版社
　　地　址：北京市朝阳区北苑路180号加利大厦5号楼105室
　　邮　编：100101
　　编辑部：北京市海淀区北太平庄路甲1号
　　邮　编：100088
　　电　话：64924853（总编室）64924716（发行部）
　　网　址：www.zgyscbs.cn
　　E-mail：yanshicbs@126.com

经　　销　新华书店
印　　刷　三河市天润建兴印务有限公司
版　　次　2017年2月第1版　2017年2月第1次印刷
规　　格　787毫米×1092毫米　1/16　印张15
字　　数　200千字
定　　价　39.80元　　ISBN 978-7-5171-2214-2

前　言

生活中，如果你渐渐地感到自己越来越脆弱，遇到的困难、问题越来越多，毫无疑问，你肯定是走进了灰暗的心理世界之中。此时，最重要的就是，需要你在各个方面不断地寻求突破。如果你依旧迷茫，甚至执迷不悟，一直都在灰暗的心境世界里徘徊，甚至是苦苦挣扎，你的生活就会陷入一片苦海之中。更为重要的是，你的情绪还会影响到你身边的所有人，那时候，你的痛苦不仅仅是一个人的痛苦，这对其他人是不公平的。

一位心理学家曾经做过一个简单的实验：分别请两个实验者写出他们当时的心情，然后请他们相对静坐，等研究人员到来。

两分钟后，研究人员来了，请他们再写出自己的心情。注意这两个实验者是经过特别挑选的：一个极端善于表达出自己的内心世界是怎样的，也就是说，他的内心世界是平静的，他能理性地看待周围世界的一切事物；另一个的内心世界则是变化无常的，也就是说，他内心世界所体现出的是喜怒无常，他对周围世界的认识总是受他的感性所支配的。

很快，实验结果出来了，后者的情绪总是会受前者的感染，每一次都是如此。这是因为人们会在无意识中模仿他人的情感表现，诸如表情、手势、语调及其他非语言的形式，从而在心中重塑对方的情绪。这有点像导演所倡导的表演逼真法，要演员回忆产生某种强烈情感时的表情动作，以便重新唤回同样的情感。

因此，控制不良心境、培养良好的心境对每个人都是很重要的。心境产生的原因是多方面的，个人信念的好坏，对目标和理想的期望、学习工作的成败、生活的顺逆、人际关系的好坏、个人健康状况及自然环境的变化等，都可能成为引起某种心境的原因，但对人的心境起决定作用的是人的理想、信念和世界观。失败和挫折可能使人悲观消沉，而对具有科学人生观和崇高理想的人来说，失败和挫折反而能激励他们信心百倍地去迎接困难，更加朝气蓬勃地前进。

如果你是一个心境灰暗的人，请仔细地分析、评估你的生活，尽可能地找出其中的积极因素，哪怕是非常微小的成功，也要由衷地庆祝一下，以培养你的乐观和自信。即使你有时失败了，也要想到毕竟离成功更近了，因为你曾经多次获得过成功。品味成功，将使你产生积极、乐观的心境。更重要的是，你应不断地学习并充实自己，这样的话，生活中的种种不如意也就不致使你消沉和失望。

最后，我真心祝愿在这个世界上的每一个人，都能想办法使自己保持一份开朗、热情，拥有一种自信及乐观的心境。

目　录

第一章　让心灵启航

第二章　人际交往的心灵空间

第三章　一颗平静的心

第四章　打造健康的生活方式

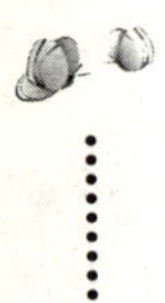

第五章　善待生命与爱

第一章
让心灵启航

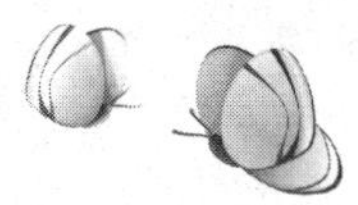

处处给自己设限的人，他往往不能拥有一个宽阔的心境。而且对他的成长来说，这种心理的危害性是极大的，它时时处处会伤害到别人。有这种心理的人永远也不会有一个快乐的心态，也不会拥有一个真正属于自己的自我。只有他能够放飞自己的心灵，才能走出桎梏，才能超越自我。

◎ 给心境寻找一点乐趣

人虽然活在这个社会中，但是，能够主宰自己的，还是人本身。尤其是现代社会，看似复杂无比，但是其实没有什么能约束你，约束你的只有自己的心。同样，你可以随便找一个理由来逃避生活中的任何责任，但是你却永远都无法逃避自己的心声。

这是一个医生亲眼目睹的一件普通得不能再普通的突发事件：

某地区的一个城乡结合部正在大搞建设，工地一角突然坍塌，脚手架、钢筋、水泥、红砖无情地倒向下面正在吃午饭的民工的躯体，烟尘四起的工地顿时传来伤者痛苦的呻吟。

这一切都被路过的两辆旅游大客车上的人看在眼里。旅游车停在路口，从车里迅速下来几十名年过半百的老人，他们好像没听见领队"时间来不及了"的抱怨，马上开始有条不紊地抢救伤者。

现场没有夸张的呼唤，没有感人的誓言，只有训练有素的一双双手和默契的配合。没有手术刀，就用瓷碗碎片打开腹腔，没有纱布，就用换洗衬衣压住伤口。急救车赶来的时候，已经是事故发生的50分钟以后。从一个外科医生的角度来看，这些老人们至少保住了10个民工的生命。

在机场，这名医生又遇到了这些老人们的领队，两个时尚年轻的姑娘一边激烈地讨论这么多机票改签和当地导游的费用结算问题，一

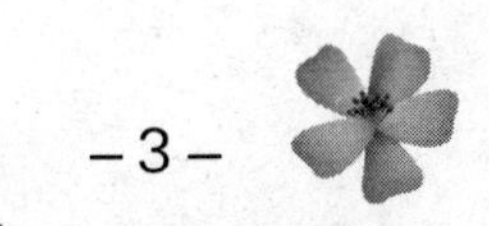

边抱怨这些老人管了闲事让她们两个为难。

老人们此时已经换上了干净的衣服。其中一个老人面有愧疚地对两个年轻姑娘说道："不管心里多么过意不去……老头儿们这脾气……"

是啊，这个老人说得对，人可以逃避责任，但是心却无法做到，心会跟着愧疚一辈子。我觉得谁都无法完全忘掉愧疚，或者带着愧疚生活一辈子。这份愧疚会给我们带来很大的影响。可是，你要知道，任何经历过的愧疚都会像酸醋蚀铁一样慢慢侵蚀你的心灵，久而久之，让你再也无法用明亮清澈的眼睛和一颗坦然的心对待工作和生活。

一位哲人曾经说过："人生是一面镜子，你对它哭，它就对你哭；你对它笑，它就对你笑。"心情的变化直接影响着你对待生活的态度，从而也影响了你的生活质量。我们若能常常被自己所鼓舞，维持一个好的心情，那么就能够使自己保持一种乐观向上、健康大度的心态，也就会拥有更加美好而快乐的生活。反之，如果心情不好，一味地和自己过不去，就会越发使自己悲观消极，意志消沉，甚至从此一蹶不振，一辈子也就毁在其中了。

人最无法逾越的就是无所事事，因为这样就极易使人产生疲劳感，甚至还会导致疾病。悲观者有一首歌："天也空，地也空，人生渺茫在其中；日也空，月也空，东升西落为谁功？田也空，屋也空，换了多少主人翁！金也空，银也空，死后何曾握手中？妻也空，子也空，黄泉路上不相逢；朝走西，暮走东，人生犹如采花蜂；采得百花

成蜜后，到头辛苦一场空。”如果一个人对待生活消极到了这样一种程度，那么哪里还能享受到成功的喜悦与人生的乐趣呢？

如果我们想走出那片消极的天空，使自己保持一种积极乐观的心态翱翔世界，需要做些什么呢？我认为，首先不妨学会让自己达观起来。

不要总是把自己圈在自我小天地里，困惑于世人的眼睛，常常担心别人的议论。自怨自艾，患得患失。要多给自己一些机会，放下包袱，轻松做人做事。自己的路怎么走，其最终的掌握权还是在于自己，顾虑太多，束缚太多，只能淹没自身的创造能力与成功机会。

不过，我们还是要看到，人的任何一种心态都是对生活的不同看法。大凡乐观的人往往是“憨厚”的人，而愁容满面的人，总是那些心胸狭窄，不够宽容的人。他们看不惯社会上的一切，只有人世间的一切符合自己的理想模式，才会觉得舒心。其实这种人是在进行一种消极的干涉。他们太过挑剔，泾渭分明，因而有了怨恨、挑剔、干涉，这是心理软弱、心理“老化”的表现。

真正聪明的人不会跟情绪闹别扭。如果遇到情绪扭不过来的时候，他们会选择暂时回避一下，打破静态体验，用动态活动转换情绪。

其实，快乐和放松是很容易实现的。也许是一曲音乐，便会将你带到梦想的世界，如果你能随欢乐的歌曲哼哼起来，手脚拍打起来，无疑，你的心灵会与音乐融化在纯净之中。同样，看场电影、散散步、和孩子玩玩，都能把你带到另一个情绪世界，你的心境也自然会大有不同。

如果你因为身体上有残疾，你就变得浮躁、悲观。可是，你要知道，浮躁、悲观是无济于事的。这个世界上还有很多美好等待你去发现，所以，你还要继续在这个世界上活着，你还要好好地活着，活出精彩。那么，你不如冷静地承认发生的一切，放弃生活中已成为你负担的东西，终止不能取得的冀望，并重新设计新的生活。大丈夫能屈能伸，只要不是原则问题，不必过分固执。

别人在背后说自己的坏话，或者轻视、怠慢自己，想想不是滋味，故以眼还眼，以牙还牙。结果你又多了一个人际屏障，多了一个生活的“对头”，那当然也使你整日诚惶诚恐，不知他人在背后又要搞什么。其实，别人说什么，那是别人的事，我们不能只为别人活。别人看到的也只是一部分，他们不知道我们究竟是什么情况，我们要活出自我。

我们要懂得净化自己的心灵，净化自己的诚意，不回避对方，拿出豁达的气量，主动表示友好。这样，容易使你在针锋相对、逃避退缩、一如既往的三种态度上找到最利于个人情绪健康的方式。

没错，在我们的生活中，人生不如意的事常有八九，难免会经历坎坷，陷入困境，遭遇痛苦。但是，这是每个人在成长过程中，都必须要过的一关，这就像自然现象一样，你无法躲避，只有勇敢地面对。

在这个时候，我们一定要振作起精神，寻找一点对自己有乐趣的事去做，想一些能唤起美好记忆的往事，调节自我意念，尽快排除苦闷，维持乐观的心态。我们要学会潇洒人生。天地悠悠，每个人都是

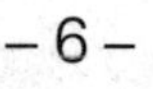

匆匆过客中的一员。排除悲观情绪，关键在于有信任、现实的处世宗旨，相信自己和别人都有不断改善人际关系的能力，在这个基础上，设计一条自我可以接受的幸福道路。认真地品味生活，认真品味人格，潇洒地对待人生，达观地对待生活，幸福才能够永远与你同行。我相信，你的人生一定会变得更加多姿多彩。

◎ 赋予心境一分空灵

在现实生活中，每个人都可能遭受这样或那样的打击和挫折：失恋、高考落榜、被老板炒鱿鱼，等等。这时人们就会变得垂头丧气，萎靡不振，无精打采……这些心理多半是人们意志薄弱、心态不成熟的一种表现。在这种心态的影响下，悲观者实际上以自己悲观消极的想法看待客观世界。在悲观者心中，现实是或多或少地被丑化了的。

目前社会上许多人，对未来和生活都持有一种悲观的迷茫心理。无论自己的过去有多少辉煌，都一概视而不见，心理上充满了自责与痛苦，嘴上有说不完的遗憾。对未来缺乏信心，一片迷茫，总是认为自己一无是处，什么事都干不好，认知上否定自己的优势与能力，无限放大自己的缺陷。

持有悲观心理的人，一方面是看不见自己的长处和优势，常常因缺乏信心和勇气而事业难成；另一方面，这种人在心理定位上对自己常持否定态度，不能接纳自己，使其内心长期处于失衡与迷失状态中，人生体味中只有痛苦、受挫感和失败感。久而久之，会使人产生抑郁、不安、心理失调等心理问题和疾病。

在这样的情况下，如果你一直保持一种自己不如人，无法成就大事的心态，那么，一段时间以后，你就会真的开始相信这一切，然后心里就会有一种根深蒂固的观念“登记注册”，你的潜意识中也会

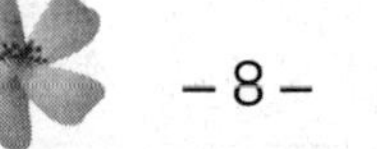

这样认为。进而你的“思想机器”就开始复制这种“无足轻重的小人物”的图案。如果你流露出自己有不足的思想或有欠缺的思想，那么，从此之后，你的生活中也会有这种消极悲观的因素，你就会在生活中表现出弱小、失败和贫困。

但是，如果你的想法恰恰相反，你坚定地认为自己是生活中幸运的化身，一切好事都会与你如影随形。如果你一直这样坚信，那么，一切好事也许都将落到你的头上，就好像是你生来就有这样的权利。

如果你坚定地宣称，自己具有帝王般的品质，如果你坚定地宣称自己完全有能力实现伟大、崇高的人生目标，如果你坚定地宣称自己拥有力量和健康，而与疾病、弱小、混乱无缘。那么，这种充分自信的心态就使得你积极主动，极富创造力，你就会凭借这种乐观豁达的心态成就自己梦想和渴望的一切。

那么，一个人怎样才能使自己的心境做到积极上进呢？我认为，最主要的就是要让自己避免人生缺陷的一面，充分展现“扬长”的一面。具体要注意以下几点：

第一点：莫让贪婪摧毁你。

贪婪的可怕之处，不仅在于摧毁有形的东西，而且能搅乱一个人的内心世界。人的自尊、人所恪守的原则，都可能在贪面前垮掉。

第二点：打开忧虑之锁的“钥匙”。

成功学大师卡耐基曾说：忧虑像把锁，它能把人“锁”得心慌意乱。打开忧虑之锁的“钥匙”则是，看清事实、分析情况和付诸行动。

第三点：让盲目远离自己的心灵世界。

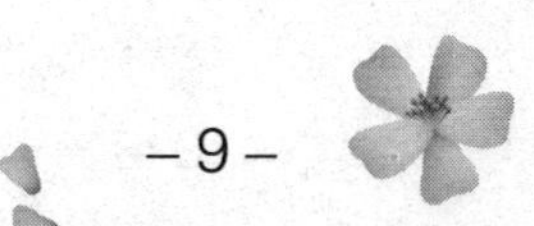

没有正确的判断，就会面临更多的失败和危急关头。在失败和危急关头保持冷静是很重要的。

第四点：自卑是心灵的枷锁。

自卑感具有使人前进的反弹力。由于自卑，人们会清楚地甚至过分地意识到自己的不足，这就促使你努力纠正或者以别的成就（长处）弥补这些不足。这些经历将使你的性格受到磨砺，而坚强不屈的性格正是你获取成功的心理基础。自卑能促使成功，令人难堪的种种因素往往可以作为发展自己的跳板。所以，一个人的真正的价值，首先取决于能否从自我设置的陷阱中超越出来，而真正能够解救你的这个人——就是你自己。所谓“上帝只帮助那些能够自救的人”。

要想摆脱自己心理或生理方面带来的自卑感，就要善于寻找运用的东西来替代、弥补这种自卑意识。

第五点：将嫉妒升华为前进的动力。

嫉妒是一种难以公开的阴暗心理，是人们普遍存在着的人性弱点。在日常工作和社会交往中，嫉妒心理常发生在一些与自己旗鼓相当、能够形成竞争的人身上。比如，对方的一篇论文获奖，人们都过去称赞和表示祝贺，自己却木呆呆地坐在那里一言不发。由于心存芥蒂，事后也许或就这篇论文，或就对方其他事情的“破绽”大大攻击一番。对方再如法炮制，以牙还牙。如此恶性循环，必然影响双方的事业发展和身心健康。

由此我们可以看出，嫉妒对一个人的伤害特别大，是妨碍一个人取得成功的最大阻力。所以，我们必须克服嫉妒这一弱点。如果被

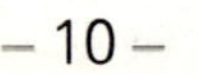

嫉妒心理困扰，难以解脱，一定要控制自己，不做伤害对方的过激行为。然后不妨用转移的方法，将自己投入到一件既感兴趣又繁忙的事情中去。

工作及社交中的嫉妒心理往往发生在双方及多方身上，因此注意自己的修养，尊重与乐于帮助他人，尤其是自己的对手。这样不但可以克服自己的嫉妒心理，而且可使自己免受或少受嫉妒的伤害。同时还可以取得事业上的成功，又感受到生活的愉悦，这才是我们要追求的人生。

第六点：克服虚荣心理。

虚荣心过强的人，很容易被赞美之词迷惑，甚至不能自持，走向了一个虚幻的世界。

每一个人都有一点儿虚荣心，这是无可非议的，人之生而为人，总是希望得到别人的赞许。但如果虚荣过了头，那就有害了。

虚荣的魔鬼阻隔着我们与成功握手，虚荣心过强的人，很容易被赞美之词迷惑，甚至不能自持，走向了一个虚幻的世界。爱慕虚荣就是太渴望别人的认可，即使明知别人是拍马奉承，他还是愿意洗耳恭听，即使是欺骗的赞美之词也不例外。

那么如何克服虚荣心理呢?

1.要有正确的人生目标。

一个人追求的目标越高，对低级庸俗事物就越不会注意。一位名人说得好："虚荣者注视自己的名字，光荣者注视祖国的事业。"这是很中肯的。

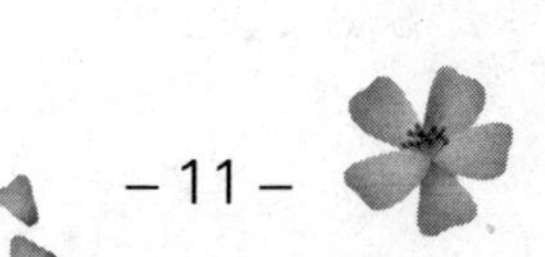

2.正确认识荣誉。

伟大的诗人屈原曾说："善不由外来兮，名不可以虚作。"希望得到别人的尊重是正常的，但这种尊重的基础是自己的有所作为，而并非无所作为、弄虚作假，否则，即使眼下得到尊重，终有一天也会露出马脚来。

3.要有自知之明。

自知之明包括对自己的长处和短处都有清晰的认识。过高估计自己的长处，实际生活中达不到；过低估计自己的短处，实际生活又难以避免，都会产生虚荣做法。承认自己有这么多长处，坦白自己有这么多短处，实事求是地对待自己，虚荣心理的基础就会大大削弱，许多麻烦的事情就能避免。

第七点：走出愤怒的误区。

作为失败的一种慰藉，愤恨比疾病更糟糕。愤恨是毒化精神的毒剂，它使人得不到快乐，并且把争取成功的巨大能量消耗殆尽。愤恨往往能造成恶性循环。心怀不平而又盛气凌人的人很难与他人合作，而合作者不够热情或者老板指责他工作的缺陷，会使他又多一层愤愤不平的理由。

愤恨也是使我们妄自尊大的一种"方法"。很多人从"被亏待"的感觉中得到一种不正常的满足。从道德上讲，不公正的牺牲品、受到不公平待遇的人比造成不公平的人更优越一些。

愤恨不平即使有真正的不公平和错误为基础，也不是取得胜利的方法，这很快就会成为一种感情习惯。你习惯性地感觉自己是非正

义的牺牲品，就会把自己描绘成一个牺牲者的形象。你怀有一种内在的感情，寻找一种合适的外在借口，这样就容易找到不公正的“证据”，或者幻想你被亏待了，即使是对最没有恶意的话和最没有偏向性的情况也会如此。

因此，我们不要轻易就进入愤怒的怪圈，遇到让我们特别生气的事情时，我们数到30再决定。没有愤怒，就没有争吵，就没有怨恨，我们的生活就会多一分宁静祥和，我们也会多一分快乐和轻松。

◎ 心静是一种力量

在电影《功夫熊猫》中，有这样一句经典的台词：innerpeace，翻译过来就是内心平静。这是一种境界，一种一般人很难到达的境界。

在人的生命当中，有很多问题都需要以一颗冷静的心去面对，在小的时候面对老师一次次的提问，面对着一道道数学题；毕业时面对的是选择继续深造，还是择业；应对面试官那令人费解的问题，人生当中面对的一次重大的决策等，都需要我们冷静地去应对。学会沉着地去应对，认真思考，你才能真正找到一份满意的答案，开辟出一条成功的人生之路，一次次作出正确的决策，最终取得一次次成功的机会。

心静是一种战斗力，在最为关键的时候，它能使你理智地看待一切事物，使你不会受到外界的影响而作出冲动的选择。正因如此，才有那么多人，在自己的人生舞台上取得成功。因为他们具备了临危不惧这样的优点，才创造出了一次又一次的胜利。

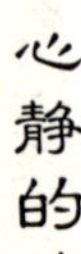

英国人安妮塔，被称为美容界“魔女”，曾位列世界十大富豪之一，她拥有数百家美容连锁店。不过，安妮塔为这个庞大的美容“帝国”创造财富时，却反其道而行，从没有花过一分钱的广告费，这在当时被认为一种“心静”的举动。

1972年，安妮塔贷款4000英镑，在肯辛顿公园靠近市中心地带的

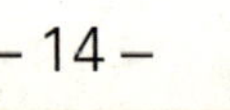

居民区租了一间店铺，并把它漆成绿色，这便是她开的第一家美容小店。

虽然美容小店的这种所谓“独创”的著名风格（众报周知，绿色属于暗色，用它作主色不醒目）的真实缘由，完全出于无目的，但这种直觉的超前意识却是新鲜而又和谐的，因为绿色是天然色。

美容小店艰难地起步了，在花花绿绿的现代社会里并不惹眼，而且更为糟糕的是，在安妮塔的预算中，没有广告宣传费。正当安妮塔为困难焦虑不安时，也收到一封律师来函。这位律师受两家殡仪馆的委托要控制她，要她要么不开业，要么就改变店外装饰。原因是像“美容小店”这种花哨的店外装饰，势必破坏附近殡仪馆庄严肃穆的气氛，从而影响业主的生意。

安妮塔又气又笑。无奈中，她灵机一动，打了一个匿名电话给布利顿《观察晚报》，宣称她知道一个吸引读者、扩大销路的独家新闻：黑手党经营的殡仪馆正在恫吓一个手无缚鸡之力的可怜女人——罗蒂克·安妮塔，这个女人只不过想在她丈夫准备骑马旅行探险的时候，开一家经营天然化妆品的美容小店维持生计而已。

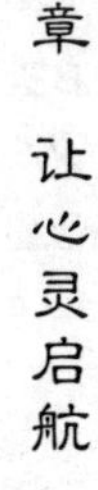

《观察晚报》果然上当了。它在显著位置报道了这个新闻。小店尚未开业，就在布利顿出了名。开业初的几天，美容小店顾客盈门、热闹非凡。

然而不久，一切发生了戏剧性的变化：顾客渐少，生意日淡，最差时一周营业额才130英镑。事实上，小店一经营业，每周必须进账300英镑才能维持下去，为此，安妮塔把进账300英镑作为奋斗的目标

和成功与否的准绳。

经过深刻的反思，安妮塔终于发现，新奇感只能维持一时，不能维持一世。要想扩大小店的知名度，还需要进行不断地宣传。在她看来，美容小店虽然别具风格、自成一体，但给顾客的刺激还远远不够，需要马上加以改进。

一个凉风习习的早晨，人们在肯辛顾公园发现了一个奇怪的现象：一个披着曲卷头发的古怪女人，正沿着街道，往树叶和草坪上喷洒草莓香水。清馨的香气随着袅袅的晨雾，飘散得很远很远。她就是安妮塔——美容小店的女老板。她要营造一条通往美容小店的馨香之路，让人们闻香而来，流连忘返，认识并爱上美容小店，成为美容小店的常客。

因为她的这些非常奇特意外的举动，她和她的小店又一次免费地上了布利顿《观察晚报》。

当初，美容小店进军美国时，临开张的前几周，纽约的广告商纷至沓来，热情洋溢地要为美容小店做广告。她们相信，美容小店一定会接受他们的热情。因为在美国，离开了广告，商家几乎寸步难行。

但是，安妮塔却态度鲜明地说："实在是抱歉，在我们的预算费用中，没有广告费用这一项。"

安妮塔用一颗冷静的心去面对一切，即使由于她的某些做法引起美国商界的纷纷议论。纽约商界的常识是，如果外国零售商要想在商号林立的纽约立足，若无大量广告支持，说得好听是有勇无谋，说得难听无异于自杀。然而，安妮塔却做到了。

所以，越来越多的读者开始关注起这家来自英国的企业，觉得这家美容小店确实很怪。这实际上已起到了广告宣传的作用，安妮塔并没有刻意去策划，但却节省了上百万美元的广告费。

后来，当美容小店的发展规模及影响足以引起新闻界的眼球时，安妮塔就不再大费周折地做广告了。但是当新闻界采访安妮塔或者电视台邀请她去制作节目时，她总表现活跃。

就是依靠这一做法，安妮塔使最初的一间美容小店，扩张成了跨国企业。1984年，她的公司成功上市之后，她也很快进入亿万富翁的行列。

在这个故事中，也许我们可以学到这样一个道理：在我们的生活当中，我们做事情更需要冷静，让自己保持一颗平常心，冷静地面对一切事物的变化。然而，生活中有很多人和事，都是因为自己的不冷静，随着时间而使事情发生恶变，从而也使自己成了受害者。

冷静是一种内心的修养。冷静是源自于内心的，有的人冷静不下来，不论是心胸狭窄的原因，还是骄横自傲，无论怎样，就是有多个方面的原因让你无法做到冷静。其实归根结底，就是我们自身修养不够。修养好的人，就能自觉的克己和律己。受挫时，不至于唉声叹气；获得奖赏时，不至于忘乎所以；有钱有权时，不至于趾高气扬；待人处世时，不至于浮躁轻狂。

面对生活，面对生命，我们要努力提高自己的修养，让心静下来，这样才能尽情拥抱生活，拥抱快乐和幸福。

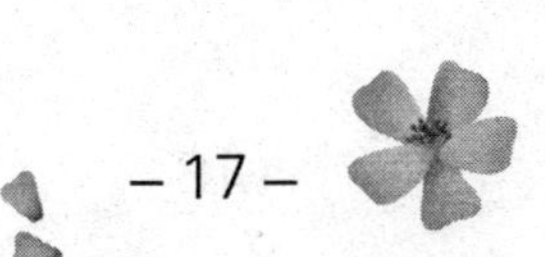

◎ 摆脱心灵的枷锁

有一句老话说，不能生气的人是傻瓜，不会生气的人是智者。在现实生活中，我们的心灵世界往往会受到许多外来事物的侵袭，在这种情况下，我们就要学会改变自我内心的力量。只有你能清楚掌握你自己的思想或行为，你才能成功地占据人生的制高点。

有人曾经这样问美国第六任总统的顾问巴洛克：“你在遭受政敌的攻击时，有没有受到困扰？”

巴洛克回答说：“没有人能侮辱我或困扰我，我不允许他们这么做。”

同样，也没有任何人能侮辱我们或困扰我们——除非我们自己允许。棍棒石头可以打断我们的骨头，但语言休想动我分毫。

有一位心理学家曾说：“我们收获的就是我们所种植的，命运总不放过，要我们为自己的罪行付出代价。从长远而论，每个人都会为自己的错误付出代价。能将此长埋于内心的人，就能不对人发怒、愤懑、诽谤、攻击或怨恨。如要摆脱内心的枷锁，惟一的办法就是要学会内心的平静。哪怕有人伤害了你的感情，可能在昨天，也可能在遥远的过去，对此你耿耿于怀，你觉得他不该这么对待你，于是怨恨便在你的心灵深处生了根，而且使你伤心不已。”

但是，对于常人来说，要做到“内心的平静”并不容易。由于某

种要求“公平”的感情使我们“以牙还牙”，因而使我们的“内心世界波涛汹涌，让我们的仇恨充满了我们的内心世界的每一个角落，复仇的火焰烧得我们坐卧不安。

仇恨是人们受到不公平对待和深深的心灵伤害时，自然产生的一种心理反应，它会窒息快乐，并使心理大受损害。事实上，仇恨对仇恨者的心理损伤会比被仇恨者更大。因而可以这么说，即使是为了我们自己的利益，我们也必须抑制住内心的仇恨之火，打开束缚自己内心世界的枷锁。

那么，我们如何解开内心世界的那把枷锁呢？如何使你拥有一颗平静的心？如何使你摆脱种种的仇恨，犹如一个儿童松开双手，放出掌中的一只蝴蝶呢？

下面是心理学家提出的几条行之有效的建议。

第一条建议：让过去的事过去。

一位漂亮的女演员不幸因车祸成了残疾人，她丈夫在她还没有完全恢复健康时残酷地离开了她。她决定割断自己和过去的联系，不使自己的未来受控于没完没了的仇恨。她看清了丈夫是个什么样的人，于是宽恕了他。这并不是说她把内心的创伤忘得一干二净，她只是开朗地“不念旧恶”，让过去的事情过去吧。

第二条建议：开诚布公。

人们常常不愿意公开承认自己仇恨某人，而实际上这种“自我掩饰”却又往往使心中的“仇火”越烧越旺。从某种意义上讲，如果你有勇气向他人承认自己心中的仇恨，就意味着你走到了宽容的第一

步。

利兹是加州大学的副教授，书教得不错。系主任答应她要求校方晋升她的职称，然而相反，在他写给校方的报告中，他对她的作风尽是尖刻的批评，因而校长决定“另请高明”。利兹对她的顶头上司的背信弃义十分痛恨，但她还是决定找他开诚布公地谈谈。她找了一个机会面对面地将真相向他和盘托出。系主任承认了，却又拼命解释他是“心有余而力不足”。当她深信此人是个表里不一的卑劣小人时，她感到自己比他“强大”得多，于是仇恨也就随之消失了。

第三条建议：要有耐心。

英国著名的儿童文学家C・S.莱威斯在学生时代心灵曾被一位粗暴的教师深深刺伤过。在她的大半生中她对此都“念念不忘”，有时她还为自己不能宽容这位老师而苦恼。但在去世前不久她写信给朋友并透露：“我一直想宽恕他，然而一直未能成功。但我并不灰心，仍一次又一次地继续努力——现在，我可以告诉您，我已经完全原谅了这位使我童年黯然失色的教师了。”

犹如坏习惯一样，仇恨一旦生成便不易一下子克服。仇恨结得越深，消除也越费时间。欲速则不达，慢慢来，自然“水到渠成”。

第四条建议：学会宽容。

事实上，复仇从来不能造成“平衡”和“公平”。报复常常使仇恨者和被仇恨者双方都陷于痛苦的地狱中。甘地说得好：“要是人人都把‘以牙还牙，以眼还眼’当作人生法则，那么整个世界早就乱作一团了。”宽容意味着勇敢而不是怯懦。要向自己的仇人作出高姿态

是需要不少勇气的。同时，它还需要一颗善良的心。宽容可以溶解我们心头的冰块，能帮助弥合心灵的创伤，从而让我们变旧的痛苦为新的开端。宽容不仅是人类应该具有的一种修养，而且是一种使世界变得更美好的美德。

第五条建议：对事不对人。

你可以对别人所做的对不起你的事生气，但你不必对得罪你的人“恨之入骨”。宽容可以使你对人生产生新的领悟。应该经常想到，对人生认识更深刻一层时，我们的感情也会随之而起变化。人人都有一本“难念的经”，都有难言的苦衷。如果有人得罪了你，你不妨想一想：也许当时他的行为也是“事出有因”或有“难言之隐”。

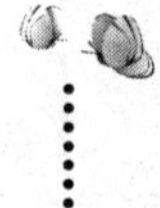

一位十六七岁的少女凯西痛恨生母在她幼年时就将她遗弃了，她一直不明白自己为何“不配”做她的女儿。后来，当她得知母亲生她时很穷、年龄又小，而且尚未正式结婚时，她终于宽恕了母亲。因为她终于明白了，母亲将她给他人家寄养也许是惟一最对得起她的方法了。

◎ 选择积极的自我心理

生活中，每个人都有很多的选择，买什么样的衣服和鞋子，吃什么饭菜，看什么电视节目，等等，我们选择什么，这一切都是源自我们的内心。所以说，如果我们在内心深处决定做一个什么样的人，生活就会给我们什么样的回报。

在美国乡村住着一个老头，他和他的儿子在一起相依为命。

有一天，他的一个老同学路过此地，前来拜访他。当老同学看到朋友的儿子已经长大成人，于是就对他说："亲爱的朋友，我想把你的儿子带到城里去工作。"

没想到这个老头连连摇头："不行，绝对不行！"

老同学笑了笑说："如果我在城里给你的儿子找个女朋友，可以吗？"

老头还是摇头："不行！我从来不干涉我儿子的事。"

老同学又说："可这姑娘是洛克菲勒的女儿。"

老头说："嗯，如果是这样的话……"

老同学找到洛克菲勒说："尊敬的伯爵先生，我为你女儿找了一个万里挑一的好丈夫。"

洛克菲勒急忙说道："不行，绝对不行，我的女儿太年轻了。"

老同学说："可是，我为你的女儿寻找的这位伙子是世界银行的

副行长。”

“嗯……如果是这样……”

又过了几天，老同学又找到了世界银行总裁对他说：“尊敬的总裁先生，你应该马上任命一个副总裁！”

总裁先生摇着头说：“不可能，我这里这么多副总裁，我为什么还要任命一个副总裁呢，而且必须马上？”

老同学说：“如果你任命的这个副总裁是洛克菲勒的女婿，可以吗？”

总裁先生：“嗯……如果是这样的话，我绝对欢迎。”

这个老同学之所以能够让农夫的儿子摇身一变，成了金融寡头的乘龙快婿和世界银行的副行长，根本的原因就在于他充分利用人们的一种心理。其实，在我们每一个人的内心深处，多少都隐藏了一些负面性的东西。这些负面性的东西使我们不敢相信自己能够成功，常常会驱使我们作出危及自己的事情，常常在工作中质疑自己是否有成功的能力，对自己没有做成的事，常常找各种借口来为自己辩解。

因此，为了避免这样的事情影响我们的生活，我们就必须不断地去改变自己，改变自己的内心。我们一切都要相信自己，让自己变得积极起来。

失败是成功之母，如果你在失败面前凄凄惨惨、自怨自艾，或者对自己的错误遮遮掩掩，不敢正视，那就永远只能陷入失败的泥沼不能自拔。而坦言失败，往往就是成功的开始！

成功与失败的概率各占50%。成功是正常的，失败也是正常的。在

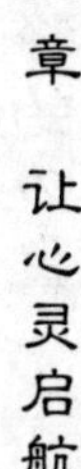

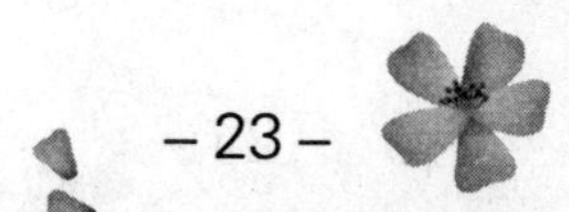

坚信自己成功的同时，还必须接受可能失败的事实。既然失败是不可避免的，也就不必害怕失败。没有失败的经历，也就没有关于失败的智慧，我们千万不能让自己沉浸在过去的挫败之中。

在这方面，也许我们应该向丘吉尔学习一下。

1847年11月30日，丘吉尔出生于英国一个贵族家庭。1893年进入英国有名的桑赫斯特军事学校学习，1895年在该校骑兵科毕业。

1940年的夏季，希特勒指挥他的军队准备横扫西欧之际，英国的绥靖政府再也维持不下去了，张伯伦被迫辞去首相之职。丘吉尔在这黑云压城城欲摧的危难之际，于5月10日下午，被国王急召入宫，授意他出任首相之职并组织政府。在大英帝国面临覆亡之际，丘吉尔挑起了战时首相的重任。

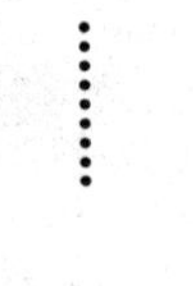

丘吉尔，一个不甘政治寂寞、不向任何势力低头、不向任何困难屈服、不停地寻找对立面、不停息地斗争的大将，是一个英雄。因为他身上所具有的这种特点，适应了英国民众反法西斯情绪的需要，所以，在国家的危难之际，民众呼唤他出来执政。而对丘吉尔本人来说，这种性格是成就他政治生涯辉煌篇章的重要保证。

不过，人的心理活动非常复杂，不是关注这个，就是紧盯那个。这就好比打井，将钻头放在有水的地方，打出的是水；放在有油的地方，打出的是油。那么，在逆境来临之际，我们所要做的就是将心态这个钻头，放在乐观向上这口“井”上，哪怕当时只有1%的希望，只要坚持钻下去，就一定会打出许多“乐观向上”。

◎ 让心境豁达一点

有人曾说过："你的内心是对你的躯体的主宰，是至高无上的，在一定条件下，它可以让肉体和神经变得坚不可摧，让肌肉像钢铁一样坚韧，弱者就是这样变成了强者。因为，你的心境控制得当，你就能够按照你真实的面目去对待所有事物，就会按照真正价值去评价所有事物，会利用其自身的优势，坚定不移地相信自己的观点，因为他知道这些观点的价值和分量。"

我们在别人心目中的形象以及他人对我们的评价与我们的自信有很大的关联。如果我们自己都缺乏自信，那么别人也不可能相信我们；如果我们给别人是一种自信、勇敢、无畏和积极健康的印象，如果我们具有那种震慑人心的自信，如果我们养成了一种必胜的信心，可能在生活中将会得到更大的帮助。我们则更有可能成为一位成功者。

如果一个人总是想着为自己打算，做事斤斤计较的，一遇报酬不相应，便会滋生被遗忘、被冷落、被否定的感觉，心的平衡与安宁必荡然无存。

那么，我们怎样才能使自己的心达到这种境界呢？

第一点：有自知之明。

人们能否达到心胸豁达，能否正确评价自我和确立自我追求是很重要的。一个人评价自我，是通过认识自己的长处和短处来进行的。

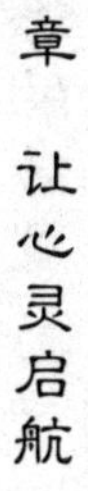

如果夸大长处，必会傲气盈胸，自命不凡；夸大短处，则自惭形秽，自暴自弃。而只要自我评价一旦失败，人们通常就不知道自己应该做什么和能做什么，在自我追求目标的选择上陷入盲目。一个人只有自我评价恰如其分时，才会心情宁静，不骄不躁，不亢不卑。因此生活目标可定得适度。一种既能充分激发自己的潜力，经过努力又能达到的目标，将使人们内心坚定踏实，永远充满乐观、自信、自尊与自豪。追求豁达的人，必然是一个积极、认真了解自己和切切实实了解自己的人!

第二点：欲望要有度。

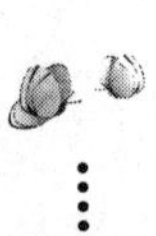

我们拥有功能，必然存在欲望。合理地觅食求偶，无可非议，但欲望超出了一定的原则和范围，就成了罪恶。恣意纵欲，可以污染人群、腐蚀国家。学会控制你的欲望，使之合理适度，这是心归于祥和平静的一个重要法门。

第三点：懂得自省。

人非先天就是圣人，心中难免会有这样或那样的错误、暗淡、罪恶、虚伪等念头。存有了这些念头并不可怕，可怕的是放纵、任性和宽恕自己，从而造成恶性循环，永远生活在黑暗中，最后被毁灭。人应该经常反省自己，警惕自己，告诫自己，使这些念头不重复而逐渐把它们克服。一个人只有不断地清洗自己的心，扫除思想的桎梏和精神上的烟雾，才能扩大豁达的心。否则，错误的念头就会像霉菌一样将你的心腐蚀，吞噬……

第四点：学会无私。

每个人都有各自的工作和生活。如果他在工作和生活中，追求的是贡献于社会，努力创造为的是民族和国家，而不仅仅是博取功名利禄，那么，就往往不会为时时都有可能发生的报酬不公而抱怨、牢骚满腹、耿耿于怀。相反，却会因为对同胞、社会、民族有所贡献，心中畅通光明，坦然无悔。如果一个人只索取不奉献，背弃自己作为社会成员应尽的责任。如此，固然省了精力，图了轻松，有了财富，却会为良心持久的亏欠和忏悔所折磨，遭人白眼，更是损了人格，失了尊严。

在生活中，有不少人面对激烈的竞争，常显示出措手不及的惊恐状，面对强手始终觉得自己是一个弱者，随时都有可能被迫退出人生舞台的恐惧。古往今来，多少有志之士在历史的长河中留下了灿烂的昨天，因为他们都是自信的人。能成大事的人，不是金钱的多少、权位的高低可以衡量，而是看他是否自信。在我们的身边，也有很多这样成功的人，他们都是通过自己的刻苦和努力而改变了自己，从自己的身上找到了自己的特长，最终走向了成功。

海伦在一岁多的时候，因为生病，从此眼睛看不见，并且又聋又哑了。由于这个原因，海伦的脾气变得非常暴躁，动不动就发脾气，摔东西。家里人看这样下去不是办法，便替她请来一位很有耐心的家庭教师苏丽文小姐。海伦在她的熏陶和教育下，逐渐改变了。

她了解每个人都很爱她，所以她不能辜负他们对她的期望。她利用仅有的触觉、味觉和嗅觉来认识四周的环境，努力充实自己，后来更进一步学习写作。几年后，当她的第一本著作《我的一生》出版

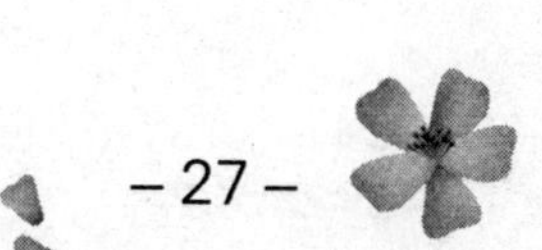

时，立即轰动了全美国。

海伦·凯勒虽然在十九个月时因急性胃充血、脑充血而被夺去视力和听力，但是她能克服不幸，完成大学教育，以后更致力于教育残疾儿童的社会工作，这种努力上进的精神，实在值得我们学习。人们从内心崇拜海伦·凯勒，因为她是一个残而不废的伟大女性，因为她能始终坚持自己的信念，一步步努力向前，最终走向成功。

伟人的经历及成功的经验告诉我们，我们只有在面对困难时，知难而进，才能有所成功，才能在关键时刻，爆发并喷发出无以比拟的巨大力量，才能克服困难，成就心中所愿。

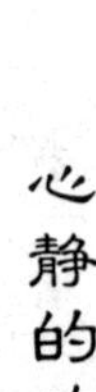

◎ 不要给心境设限

我记得一位心理学家曾经说过："你的心境就是你生命的主人，要么你去驾驭它，要么就是它驾驭你。"

但是，在实际生活和工作中，令人不可思议的是，你的心境会决定谁是真正的主人，正是由于心境不同，从而也就有了不同的心情。很多时候，愉悦的心境都是比较短暂的，而我们最需要的就是保持这种愉悦，再达到一种自我的宁静状态。宁静的心境是在长期不断地解脱忧虑、驱除烦恼、平息怒气，由心理失衡到心理平衡的过程中逐渐形成的。

宁静的心境是非常难得的，而且它对人的身心健康也有很大的好处。一般来说，它可使人们遇事能够放开视野，纵横思考，运用自如地驾驭，把握自己的情绪，不管碰到什么不愉快，尽可能从中寻出合理的一面，从而获得新的宁静。

心境宁静者，必定常常为受窘的人说一句解围的话，为沮丧的人说一句鼓励的话，为疑惑的人说一句提醒的话，为自卑的人说一句自豪的话，为痛苦的人说一句安慰的话。助人为乐、自寻开心就能拥有美好的心境。可见，拥有一个好的心境是何其幸福而美好。

那么，我们怎样才能使自己拥有一份好的心境呢？

我认为，最简单的方法就是不要给自己的心境设限。如果你给自

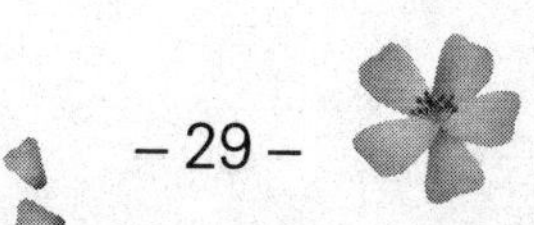

己的心境设限，就有可能带来非常严重的危害。如果你不信的话，我们不妨来看一看心理学试验，你就知道后果是多么不堪设想了。

一位科学家曾经做过这样一个有趣的实验：他们把跳蚤放在桌上，一拍桌子，跳蚤迅即跳起，跳起高度均在其身高的100倍以上，堪称世界上跳得最高的动物!

然后在跳蚤头上罩一个玻璃罩，再让它跳；这一次跳蚤碰到了玻璃罩。连续多次后，跳蚤改变了起跳高度来适应环境，每次跳跃总保持在罩顶以下高度。

接下来逐渐改变玻璃罩的高度，跳蚤都在碰壁后主动改变自己的高度。最后，玻璃罩接近桌面，这时跳蚤已无法再跳了。科学家于是把玻璃罩打开，再拍桌子，跳蚤仍然不会跳，变成“爬蚤”了。

跳蚤变成“爬蚤”，并非它已丧失了跳跃的能力，而是由于一次次受挫折学乖了，习惯了，麻木了。

最可悲的是，最后玻璃罩已经不存在，而跳蚤却连“再试一次”的勇气都没有了。因为在跳蚤的潜意识里已经有了玻璃罩的存在，最重要的是它已经罩在了跳蚤的心灵上。当跳蚤行动的欲望和潜能被自己扼杀，它就只能以失败收场！科学家把这个现象叫作“自我设限”，而这种现象在人的身上也普遍存在。

在我们每个人的生命中，都会面临许多害怕做不到的时刻，因而画地为牢，自我设限，使无限的潜能只化为有限的成就。如果你一直都认为你现在的一切都是命中注定的，现实的一切不可超越，那么你就是大错特错了。我不管你持有此观点的时间多长，你都是错的。因

为一切都可以通过你改变自己的态度和习惯，来得到巨大的改变。

许多人其实应获得更大的成功，但是他们没有，因为他们给自己的施展空间太小了。所以，他们只能被动地在生活中失去很多成功的机会，从而使自己的内心世界变得越来越灰暗。于是，他们开始安于现状，开始埋怨生活，他们会觉得自己的生活始终是一团糟。

久而久之，他们常常在自己生活周围筑起界限，要么就生活在别人强加给他们的局限里。这些局限有些是家人朋友强加的，有些是自己强加的。很多人给自己套上限制，认为在一生中不会超过父母，认为自己反应迟钝，认为缺乏别人拥有的潜能和精力，那么无疑就会离实现目标的终点越来越远。

有个农夫开了一个展览会，就是展出一个南瓜，这个南瓜最大的特点就是形状像一个水瓶。参观的人见了都啧啧称奇，争相追问农夫是用什么方法种的。

农夫解释说："当南瓜拇指般大小时，我便用水瓶罩着它，一旦它把瓶口的空间占满，便停止了生长了。等到南瓜成熟了，我把瓶子砸碎，把南瓜取出来，它就成了这个样子。"

人生也是这样，自我设限，你就会按照自己限定的那个方向去发展。当你把自己关在心中的樊笼时，就像水瓶罩住的南瓜一样，等于是放弃给自己成长的机会，成长当然有限。到最后，你都不知道自己到底有多大的能量。就像那个南瓜一样，也许它可以长得像西瓜那样大，甚至更大，但是因为有了一个瓶子罩着它，所以它无法看到最真实的自己。

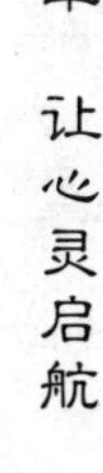

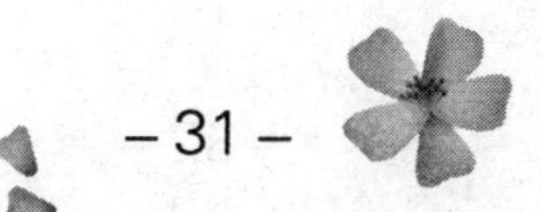

所以，心理学家奉劝我们：当你的人生遇到困境，停滞不前的时候，你一定要问问自己：是什么问题使你退缩不前？是什么因素影响了你的成长速度？是什么因素让你从原地到你想去的地方有多快？是什么使你停止或不敢去做可能真正重要的大事？是什么因素使你的目标不能实现，使你的理想化为泡影？

这是你将在实现个人成长的道路上需要提出并回答的一些重要问题。不管你现在的生活如何，不管你将面对的生活怎样，不管你做什么样的工作，总是有决定你做多快或多好的限制因素。如果你想使自己获得一个明亮的心境，你就要研究这些问题，确认里面的限制因素。随后，你必须集中你的所有精力来减轻这些限制你成长的阻力。

在我们的生活中，我们都会发现，在几乎每一项任务中，不管任务大小，一个因素决定你实现目标或完成工作的速度。它是什么呢？要把你的精力集中在那个关键的领域。这可能是你的时间和才智的最重要用途。

这个因素可能是你需要其帮助或决定的一个人，可能是一种你需要的资源，在有关机构的某个部门的弱点或者其他事情。但是，限制因素总是存在，找到这个因素是你的工作。

在你的个人生活中，你必须尽快找到那个决定你能否迅速实现个人目标的自身限制因素或限制技能。其实这也是很多成功人士最纠结的一个问题。当他们的脑海中浮现出这个问题的那一刻，他们就开始对各种限制因素进行分析："我本人有什么问题对我构成障碍？"最终，他们只能承担全部责任，从自己身上寻找问题的原因和解决办法。

在我们遇到问题的时候，应该不断地问自己：“什么因素决定我实现想要实现的结果的速度？”

限制因素的定义决定你用来减轻限制的战略。如果你不能找出正确的限制因素，或者找出错误的限制因素，就可能使你误入歧途。你最终可能解决了不想解决的问题。

我们举个例子来说吧！

有一家大型公司，在市场环境很好的情况下，却出现了销售额下滑的情况。公司领导一头雾水，他们分析后得出结论：主要限制因素是销售力量和销售管理部门。于是，他们花费大量资金对销售管理部门进行改组，对销售人员重新培训。但是后来他们发现，问题的根本原因并不在于销售部门，而是因为一位会计所犯的错误，他无意中把公司的产品价格与市场竞争对手相比定得过高。随后，该公司对价格进行了调整，销售额立即回升，又恢复了盈利的状态。

由此可见，在每一个限制因素或制约点的背后，一旦找到并且成功地减轻，你就会发现另一个限制因素。不管是早晨准时上班，还是事业上的成功，总是有一些限制因素和瓶劲决定你的进展速度。你的工作是找出这些因素，集中精力尽快解决。

改变心境，改变自己，需要持之以恒，你可以从每天一开始，就为自己消除一个重要瓶劲或限制因素，这会使你精力充沛、力量无穷。它促使你善始善终地完成工作，而且还能拥有一份比较美好的心情。

大千世界，纷纷扰扰。其实，我们只要生活在世上，就会受到各

种因素的限制，就会受到外界的影响和暗示。这就好比我们在公共汽车上一样，如果一个人张嘴打了个哈欠，他周围的人也会跟着打起哈欠来。而之所以有些人不打哈欠，是因为他们受暗示性不强。

所谓的认识自己，在心理学上叫作自我知觉，是个人了解自己的过程。在这个过程中，人更容易受到来自外界信息的暗示，从而出现自我知觉的偏差。所以，我们为了不受别人的影响，就要正确地认识自我，尽可能地为自己创造适合自己的生存条件，给自己的心境找一个舒适温暖的家。

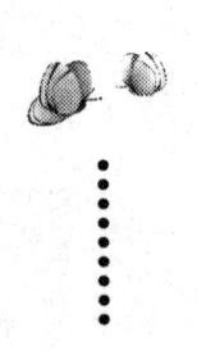

◎ 客观地面对现实

在我的印象中，我一直都觉得我们的生活和人生，没有最好，只有更好。仔细想想，从人生的成长过程来看，也的确如此。人生只有“更”，没有“最”，我们只能努力去追求自己认为的完美。

人的一生要努力完成各种心愿，自己的、父母的、情人的、朋友的、上司的、同事的……完成他们的心愿与自己的心愿构成了人生的道路。

我们要活着，要工作，就不得不面对很多的无奈，信与不信？信为示弱，不信自欺。比如爱情，爱情的起因有三种：一是物质基础；二是精神基础；三是性关系。这三种具备其一，就可产生爱情。物质生活的作用使你有了保障；精神生活的作用使你有了依托；性生活的作用使你有了快乐。同样，当三种有一种严重缺失，那么爱情也将丧失。以上道理在婚姻家庭上也是如此。

但是，婚姻与爱情毕竟不完全相同。当没有金钱为基础时，婚姻会很快出现危机乃至消亡，而爱情可能还会延续一段，但是将出现裂痕、出现不和谐，如果不能改观，终将消亡。这从哲学上、从现实基础上，均能找到它的客观依据。人无需自欺欺人，必须客观地面对现实。这是人生的无奈。

每一个正常的人，分析起来，共有三个“我”。

第一个是“动物的我”。

现代的科学告诉我们，我们来到这个世界上，并不是超脱一个自我的人，我们的心境并不是清澈透明的，而是一片混沌的，也是从一个自私自利的寄生小动物进化而来的。虽然经过环境的自然进化，我们已经脱离了猿猴的样子，但动物的本性却还未完全消失。

“动物的我”需要达到两个目的：一个是保存自己，另一个保存种族。为了保存自己，所以他要吃；为了保存种族，所以他要性爱。又为了必须要达到这一目的，“动物的我”至今还遗传着丛林生活的规律，它会打，会爬，会残害，会杀伤。

第二个是“社会的我”。

如果“动物的我”会独存，人类的生存就不可能如此持久，也许人类可能早就销声匿迹了，因为他们在独存的时候，要互相破坏，互相残杀。所以，要合群，只能组织社会，驯化“动物的我”，这样才能方便人类能够有秩序地生活，继而持续地存在。

“动物的我”是不知有慈悲、爱情和合作的，所以我们在儿童时期所受的教育，就是训化我们的“动物的我”，使我们知道要有慈悲、爱情和合作，而“社会的我”，就是这种驯化的最终产物。

第三个是“个人的我”。

我们一定要知道，个人的我是心灵世界的产物，因为我们每一个人所得到的社会经验是各不相同的。所以，关于安全和快乐的观念，也各有自己的特性。而每个人的品性和人格，就是发展每个人的安全和快乐的基础，就会形成每个人独特的思想。

有一条规律是这样说的——人的形态表现思想。只要你有意识地循着这一方向前进，你就会演变出成功的信念，这种信念将使你攻无不克，战无不胜。此外，这种信念还将给你带来自信，使你内心充满毅力和勇气，使你的心境透澈明亮，对自己取得的成功踌躇满志；你将会产生一种集中意念的力量，它能帮你排除一切杂念，把思想集中在与目标相联系的一切事物上。

如果你知道如何成为一个非凡的思想者，就等于你已经拥有了金字塔尖上令人景仰的地位，你也就成为了人群中的创意领袖。因为无边无际的思考能力意味着无穷无尽的实践能力，这种能力足以让你创造出一切你渴望拥有的外部环境，足以让你拥有一切。

其实，人类在本性上是群居的动物。这也是“动物的我”会先出现的原因。

从一般意义上看，每一个社会成员，都有着强烈的合群需要，所以，他就必须融入到“社会的我”之中来，使个体在心理上产生一种归属感和安全感，这样也有助于形成个体的良好心境，维持机体平衡，保持身心健康。

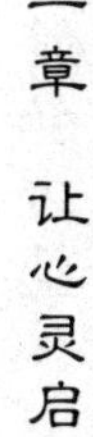

生活中，那些善于融入社会中的人，他们的精神生活是非常多彩的，他们的身心也是健康的；反之，那些孤僻、不合群的人，往往有更多的烦恼和难以排遣的忧愁，因而会有更多的身心健康的问题。如果长期无法满足交往的需要，就只能由于孤独、寂寞，导致精神失常。

另外，从个体健康发展的人角度看，一个人能够融入到社会中，会使他的人际交往变得丰富起来，因为在个体的社会化过程中，交往

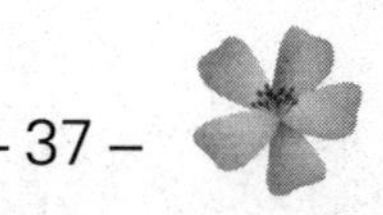

发挥着不可缺少的作用。

为什么世界上有很多的动物都无法战胜人类，而成为世界的主宰呢？因为这些猛兽总是独来独往，它们习惯了我行我素，没有合作意识，而人类很早就学会了合作，并以此在世界上立足。

人类进步于动物的另一方面在于，人类逐渐又学会了交换（这是任何其他动物都不具备的行为），使人类在区区数千年的时间里就统治了地球。

随着人类进入了“社会的我”，于是他们在通往成功的路上，就会抱着顽强的态度与执着的精神来征服一切，于是他们就有了“个人的我”。但是，个人的力量毕竟是有限的，于是他们就必须借助群体的力量，才能使自己迅速走向成功。

但即使在这样的环境下，能够真正走向成功的人并不多，因为大多数的人不曾完全驯化的，所以不能合作，要吃要恋爱的时候，也不愿意遵照人类社会的道德标准去做，于是便犯着各种罪恶。所以，罪是人内心的矛盾——“动物的我”和“社会的我”二者之间的矛盾，而犯罪的发生，就是“动物的我”占了上风而已。

有些人已经把“动物的我”驯化得很好，决不会支配他的人格了，他能严格地依照宗教和道德的规章做人，但是在他们的内心，也常常会感到极大的矛盾和苦闷。因为他们虽想使他们动物性生存，但受惯了严格的训练，怕有后累，以致他们在生活上是完全不合宜的。结果，就好遁迹空间。

政治学家马雅基维利曾有过这样的比喻：在严格的军事意义下，

建筑堡垒是一项错误；堡垒会变成力量孤立的象征，成为敌人攻击的目标。原始设计用以防卫的保垒，事实上截断了支援，也失去了回旋的余地。堡垒可能固若金汤，然而，一旦将自己关在里面，人们都知道你的下落，你就会成为众矢之的。围城不见得要成功地攻破，围困就足以将敌人的堡垒变成监牢。由于空间狭小而隔绝，堡垒更容易受到瘟疫和传染病的侵袭。在战略意义上，孤立的堡垒不但没有防卫功能，事实上，制造出的困难胜过了它能解决的问题。

但是，人的思想在长期的高群索居的状态下，有可能会偏离正常状态。虽然有一些自命不凡的人或许可以通过沉思默想，企图掌控大局，但是他们却无法意识到自己的局限，也许他们在不知不觉中，已经把自己深深地陷入了与人隔绝的境地。而且孤立的状态一旦形成就很难改变。即使想回到人群中去也是非常困难的，因为已经推动了许多交流的机会。

在心理上，有这样一个著名的实验：

被试者戴上眼罩，穿上特制的衣服，单独进入到一个完全隔音的实验舱里，安静地躺在一张舒适的床上，室内非常安静，听不到一点声音；一片漆黑，看不见任何东西；两只手戴上手套，并用纸卡卡住。饮食事先安排好了，用不着移动手脚。总之，人感受不到来自外界的任何刺激。从实验室的观察窗可以看到，实验开始的时候，被试者还能安静地熟睡。稍后，被试者开始失眠，变得焦躁不安。被试者坚持的时间一般是2-3天，结束实验时，会出现幻觉和轻微的精神官能症。而且被试者坚持的时间越长，症状越明显。

这个实验告诉我们：人的正常生存需要来自外界的刺激，这是十分重要的，人不能离开感觉，也不能离开群体。在原始社会，对部落中的罪犯最大的惩罚就是所有人都不理睬他。同样，在现代监狱制度中，有过失的犯人都会单独囚禁作为惩罚。

但是，因为有一些人，他们的“个人的我”不能和现实调和，内心也充满着矛盾的苦闷。譬如，有个年轻的男人，他认为自己是一个彻头彻尾的大坏蛋，为补救这一缺点，他决心要做一个圣人。他给自己定下做圣人的标准，非但和他“动物的我”不相和，而且他的“社会的我”也是相矛盾的。于是，在他的内心就产生了食色的欲望和做圣人的需要的决斗，因为他终究是一个人，不是一个天使。

综上所述，一个真正快乐的人，都是由上述的三个达成一个共同本我的人。这样的男女，不否认自己有某种动物的特性，他需要吃，需要配偶，但同时也必须改变原始性的需要，以此来与人群社会的道德标准相吻合，不盗窃别人的食物和妻室，只有这样，社会才会满意和赞许他，他才会因为做到了这一点，而感到自我中的本我的存在。

◎ 不要怀疑自己的心境能力

在人类的行为中，有一条基本的原则："尊重他人，满足对方的自我成就感。"如果你遵循它，就会为自己带来快乐；而如果你违反了它，就会陷人无止境的挫折中。

正如杜威教授曾说："人们最迫切的愿望，就是希望自己能受到别人的重视。"而人类创造的文明，也是源于这股力量的促使。

如果你希望别人喜欢你，就要抓住其中的诀窍——了解对方的兴趣，针对他所喜欢的话题与他聊天。你希望周围的人喜欢你，你希望别人可以采纳你的观点，你渴望听到真正的赞美，你希望别人重视你……然而，己所不欲，勿施于人；己所欲者，亦施于人。得到和施与都是相互的。所以，让我们自己先来遵守这条法则：你希望别人怎么待你，你就要先怎么对待别人。

但是，每个人的自我内心又是矛盾的，我们的心境又是游移不定的。在我们自己看来，各个我之间所产生的矛盾——不单是表现到矛盾为止，它还会变成情感过激的病象。

譬如，有一个年轻的女人，她有一种强烈地扩张并保持自己势力的本性，这一部分也就是"动物的我"的一部分。她虽已经被驯化得很好，知道必不可盗窃，盗窃是违反"社会的我"的罪恶，但是因为她被她的欲望所支配，所以她要取得别人的东西，虽不盗窃，却用一

种侵掠的手段，借此以显得自己更有权力。

我们知道，一切有生命的物种都有自己的生长过程，并且总是自觉不自觉地努力着以实现这一过程。因而，找到一种方法，使那些给我们带来不利效应的思维习惯被有建设性的思维习惯所取代，就显得尤为重要。人人都可以任自己的思想天马行空，到任何一个想到的地方去，自由驰骋。但要记住，一切想法产生的结果都要遵从这样一条不变的定律：所有持久的想法最终都会在个人的性格、健康和外部环境中生产相应的结果。

有一位即将毕业的大学生，曾经跟他的导师说："在市场经济的大环境中，我们要面对的是一个以学历取胜的社会，可是我们总觉得自己读的大学并不是那么好，所以，我们的命运就注定了什么样的结局。"

这个大学生说出了很多人的心声，因为，在他们的心中已经有了一种叫先入为主的观念。为此，这位学生万分感慨地问道："我常常为此感到愤愤不平，但是，我又觉得这实在是件无可奈何的事。作为我人生之中的心灵导师，您对此有什么看法呢？"

他的老师回答道："一个人的行为是受他内心的意识所引导的，如果你真的相信自己这样的话，你很可能就会变成那样。你如果认为自己只不过是一个三流大学的毕业生，你就要一辈子过着三流的人生。相反地，如果你心中认为：我虽然只是一个三流大学毕业的学生，可是我才不甘愿成为一个三流的人，更不愿意一辈子过着三流的生活。果真能这么想，你就可以过着一流的生活了。凡是成功者都有

这样一种心境——他们从来不怀疑自己的心境能力。”

这位学生斜歪着脑袋，懵懂的样子，显然是不太理解导师所说的话，他的导师也仿佛看到他的脸上写着：“真的是这样吗？您的想法未免太天真了吧！”

于是，为了解开他心中的疑惑，导师接着说：“社会并不是如想象中的那么简单。不见得一流大学的第一名毕业生，就一定会有美好的前景。在人生旅途上，也决不会有最捷径的成功方法使你走向成功的巅峰。同样反过来说，也不会有最佳捷径存在。每个人都应培养一种有助于使自己心灵净化的因素存在。在我们的脑系中，有些想法颇具有价值。它们与‘无限’的步调一致，能够生长、发展，结出丰硕的果实。对这样的想法，我们要做的是：保留它，珍惜它。如果你的想法是批评性的或破坏性的，无论如何都只能给你带来混乱与不和谐。这是想法中的毒瘤，我们对它一定不要心慈手软，要毫不犹豫剜去。这正如乔治·马修·亚当斯所说：‘学会关上你的大门，不要那些不能给你的未来带来明显益处的东西进入你的心灵、你的工作、你的世界。’”

虽然这位学生已经明白了导师的意思，但是他还不是非常地心悦诚服，他说：“我常常听到人家都这么劝我、勉励我。可是，我觉得这些都是十分例外的例子。像日本前首相田中角荣，他不是大学毕业，可是仍然当上了首相，甚至还称为庶民首相。可是，从您的表述中可以听得出，大部分的首相还是一流大学毕业的，大部分工厂的经营者，也还是一流大学毕业的。不是吗？”

导师点点头说：“对，你说的没错。的确，在我们的社会上，名牌大学毕业的学生的确很受欢迎，可是你想过没有，为什么会有这样的现象？名牌大学与普通大学的差别在哪里呢？在参加大学考试时，往往只是一分之差的成绩，便被分配到二流学校的人很多，然而这并不能证明他们之间能力的差别就会很大。有一位成功的企业家曾经说过，普通大学毕业的人，是很好的管理人。言下之意，仿佛对名牌大学的毕业生，大有敬而远之之意。”

学生若有所思地说道：“这点我知道，一流大学的毕业生很早就在无意中研究过思考的方法，他们都拥有‘天真的想法’，认为‘自己是一流大学毕业的，所以将来一定会有光辉的前途’。正因为有这种意识的存在，反而可以使自己成为真正活跃的、有能力的人。”但是还有一点令我百思不得其解，那就是他们用的是什么样的思考方法？”

导师说：“他们相信自己必定会成功。也就是说，即使没有学历的人，只要学会了这种思考的方法，也可以得到同样的结果。这就是一流大学毕业的人在社会上如此活跃的原因。其实，这种思想方法归结起来就是一句话：需要我们建立起一种自信心。”

由此可见，如果我们的内心世界是透明的，那么，我们的个人世界就是光明的，我们也会构造出一个真正的本我。

◎ 清醒地认识自己的心境

我相信很多人都会唱“爱拼才会赢”这首歌，我也更相信，人生，三分天注定，七分靠打拼，也就是说，一个人成功与否掌握在自己手中。我们的成功可以有很多因素促成，比如思想，这就是我们成功的武器之一，它就能帮助我们摧毁自己，开创一片无限快乐、坚定与平和的新天地。

人生没有完美，但是我们可以成就自己认为的完美。要想达到这个目标，就需要我们选择正确的思想并坚持不懈。如果满脑子邪思歪念，则只能沦为禽兽之辈。在这两极中间，存在着各种各样个性的人，每个人都是自己人格的创造者与生命的主宰。

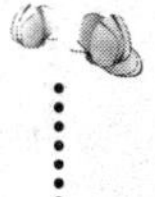

然而，在我们的生活中，由于我们人本身会有一种虚伪的矛盾心理存在，从而导致我们的生活又是另外的一种情景。下面，我给大家举一个例子。

假如，你的“动物的我”和“社会的我”都认为你应该结婚，而以你的“个人的我”的经验，认为结婚是很大的危险，你为避免这种危险，就不结婚；但你又要为满足你的“动物的我”和“社会的我”的要求，你想出了一个巧妙的妥协办法，“你同时和两个异性恋爱起来了”。

这样会导致什么样的结果呢？

严格来说，这并不是两个之间的矛盾，而是一种精神病的布置，不但达不到妥协的目的，反而将会产生莫大的危险。而对这种理论的真实阐述，我们可以从一个寓言故事中得到启示。

很久以前，有一只青蛙和一只蝎子同时来到河边，望着滚滚流水，正思索着如何渡过去。

蝎子说："青蛙老弟，不如你背着我，而我也可以辅助你指引方向，就可以到达对岸。"

青蛙说："我才不傻，背你，搞不好毒针乱刺，我随时一命呜呼。"

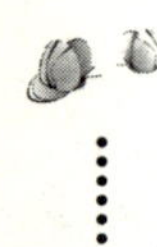

蝎子说："不会，不会，在河中如果你溺水，那我不也完了吗？"

青蛙一想有道理，就背着蝎子向对岸游去。在河中央青蛙忽感身上一阵刺痛，破口大骂蝎子："你不是承诺不刺我的吗，为什么背叛诺言？"

蝎子脸不红气不喘而毫无悔意地说："没有办法，这是我的本性啊。"

由此我们可以看出，即使是小小的动物，都存在着矛盾的心理，更何况是我们人类呢？毕竟人类社会有特定的运行秩序，有固有的发展规律，谁违背了就会受到惩罚。

一个住在密歇根州的人想移去一个在朋友院子里的树根。他决定使用家里存放的炸药。结果树根是除去了，但爆炸把树根变成了一颗炮弹，顺势射到163英尺远，最后穿过一个邻居的屋顶。树根在屋顶上

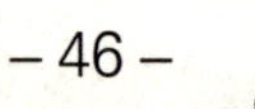

造成了一个3英尺宽的大洞，劈开了屋顶，穿过饭厅的天花板。

其实，从“动物的我”和“个人的我”的角度来看，我们在生活中的举动就和那个人的一样。我们不能让自己的言行出轨，否则我们就会进入了个体矛盾的心境地带，即使我们用极端的言语及行动去解决问题，那也只能是越搞越糟，不可能达到我们想要的目标。

可是在很多时候，人们通常会做一些违背自己的心理意识的事，他们认为自己已经“极为生气，无法控制自己”，他们觉得这是最佳的理由。但这又何苦呢？又能改变什么呢？

在《圣经》中，那些成天发牢骚的人们让摩西非掌恼火。因此，他没有照着上帝的批示，吩咐磐石出水，而是生气地击打磐石两次。他确实使磐石出水了，但却引发了一个问题——违背了上帝的意愿。因此，上帝告诉他，他不能进入应许之地。

违背就要受到惩罚，上帝很公平，但从我们自身的心理角度来说，我们却又感到非常委屈。

后来，为了证明这一生活方法是否与人类的发展相违背，一位心理学家做了这样一个跟踪调查。

南非的特种部队是一支战略力量，其挑选程序堪称是当今世界最为严格的。参选者必须是南非公民，必须接受过学校教育；必须至少在部队、警队服役一年，或者在预备队中呆过一年；必须会说两种语言，年龄必须在18~28周岁之间。入选测试主要包括所有身体测试和心理测试。身体方面的测试包括：两分钟内做完67个俯卧撑，18分钟3公里全速跑。入选后，他们还得参加一系列的海陆空训练，了解自己的

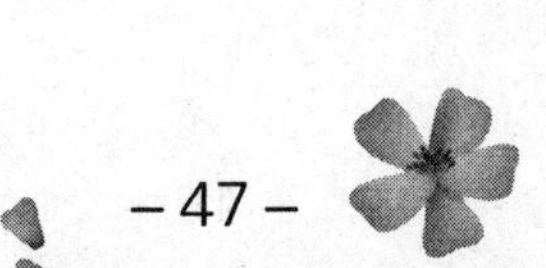

任务是什么，掌握如何参加空中合作、水下作战、走过障碍物、丛林谋生、跟踪、破坏等作战战术。在心理测试方面，一切无自我控制能力的人都将被淘汰。

人生就像一场游戏，要想不提前出局，你就要遵守游戏规则。上帝的约定和特种部队的要求一样，是一种游戏规则。任何游戏都有个规则。你可以批评它、怀疑它，只要你参加这个游戏，就必须遵守这个规则。如果你敢于超越这个规则，就要接受惩罚。

当然，一定会有那么一种人，他们可以宣称自己是天才，因此可以不遵守规则去参加游戏。可在我们这个社会上，在这充满现代化气息的社会上，一切的基础就是尊重规则，而不是天才至上，更不是矛盾至上。尊重规则比天才至上要重要得多。

尊重规则比爱护天才来得重要得多。但是，在我们的现实生活中，很多人都会忘了这样一种平常心理，从而才产生了矛盾。如果他们能够克服生活中的攀比心理，他们应该获得一颗平静的心。

比如，从我们上学的第一天起，老师就会问我们的理想是什么，然后告诉我们要努力去实现自己的理想。这样就会造成一种结果，我们的眼睛往往只看到别人所拥有的，而忽略了自己原本拥有的，这就会造成一种巨大的心理落差。

当然，现实适应能力比较好的人，会不断地修正这些落差，使他们内心的矛盾得到缓解，再或者是承认这些落差是自己的能力所不能改变的，客观地认识到寸有所长，尺有所短，以至于不会使自己的心理受到更大的影响。而且这种人往往会将自己的弱势转化成优势，最

后所得到的也更有成效。

但是，如果我们没有一个良好的心态，我们就会在无尽的攀比中，无尽的自责中，形成巨大的心理落差，我们就会自私、嫉妒。当这一切不良心理占据了我们的内心之后，我们的生活和事业都将受到前所未有的影响，那时候的我们会深陷于一片灰暗之中，无法自拔。

可以毫不夸张地说，现实生活中，我们内心所存在的矛盾心理和攀比心理的存在就像一个隐形杀手，会扼杀许多人的潜能，使我们的心灵不堪重负，变得心胸狭窄，甚至走上极端。攀比还可能造成忧郁和嫉妒，容易让人产生缺憾感，甚至觉得自己一无是处。

要知道，一切的发展都是有规律的，虽然我们常说可以打破常规，但是在人生这场游戏中，有些规律是无法打破的，我们只能遵守，否则就会被淘汰出局。

因此，我们只有正确认识自己，才能正确看待自己，直面得与失。我们要知道自己想要什么，不该要什么。我们不去盲目地追求不属于自己的东西，也不要随意忽略了本属于自己的东西。是自己的就去争取，不是自己的就淡然一笑。坦荡地面对生活，让我们的心灵如水般清澈，那样的人生也是一种美。

◎剔除心灵的矛盾

在我们的生活中，人生的矛盾有很多。比如，自己的立身与父母、国家的责任之间的矛盾，“动物的我”的欲望和“社会的我”的法令之间的矛盾，等等，都是自相矛盾的。

人时常会觉得苦恼和不幸，就是因为患上了内心矛盾的病，因此，常常会引发一系列的疾病，比如，神经衰弱、不消化、失眠、怕见别人、怕和有权威的人交谈和意志消沉，等等。所以，你倘若要使自己身心快乐和健全，解决你内心的矛盾才是关键。

事实上，我们经常面对大量矛盾信息，当提及富含营养、低脂肪、无脂肪、优质脂肪、高蛋白、素食主义、无糖分、低碳水化合物、优质碳水化合物、流质食物节食、纯素食、食物多样化、完整食物、未加工食物……可是，即使对于一个已经具备相应知识的人来说，去看那些可选择食物的清单也是劳心费神的。因为著名节目主持人约翰·斯托瑟说：“即使像一天喝八杯水这种健康习惯都是没有科学依据的。”

我们越来越迷惑了，因为我们无法从实验之中获得一致的结果。一个人对于某种饮食法感觉很棒，它却使另一个人感觉疲倦。一个人吃素会感觉精力旺盛，而其他人则可能产生强烈的饥饿感并感觉能量不足。一个聪明的人在面对如此繁杂的矛盾信息时应该怎样做呢？

美国社会行为研究所做了一个“老板最不能容忍的员工行为”的调查，得出了这样的结论——老板最不能容忍三种公司员工。

第一种：请假犹如吃饭一样平常的人。

老板允许员工请假，因为作为自然的人，谁都难免要生病。可是作为社会的人，在商业原则上来说，老板是不愿意看到员工经常请假的，这种心态是无可非厚的。任何人当了老板都不希望下属经常脱离工作岗位。

第二种：公司不分的人。

在实际生活中，很多员工容易把工作和生活混为一谈。比如，有人在上班时间处理私人事务，老板也会感觉这样的人不够忠诚，尤其在公司更是如此。公司是讲求效益的地方，任何投入都必须紧紧围绕着产出来进行。上班时处理私人事务，无疑是在浪费公司的资源和时间。

有一位老板曾经这样评价一位当着他的面打私人电话的员工——“我想，他经常这样做，否则他怎么连我都不防备？也许他没有意识到这有违职业道德。”

另一位公司老板说：“在办公时间，我不喜欢看到员工将报纸、杂志等与工作不相干的东西放在办公桌上。如果出现这种情况，我会认为他们不把公司的工作当回事，他们只是在混日子。”

第三种：脚踏两只船的人。

这也是最令人无法忍受的一种。一家公司的总经理说：“如果我发现我的员工有兼职行为，我绝对不会重用他，甚至我会辞退他。因

为我认为这是对公司和我本人的不尊重，一心不能二用是常识，公司需要绝对忠诚的员工。”

无论是工作还是生活，没有人喜欢脚踏两只船的人。所以，我们每个人都能理解老板的心情。

为此，不少公司都定下了不准员工兼职的规定，明知故犯的员工等于是在向公司的权力和规章制度挑战，被老板发觉后必然没有好果子。老板甚至会认为兼职员工在利用公司的办公时间做自己的兼职。

在老板看来，员工兼职会损害公司的利益。某公司董事长说过：“有些人可能认为兼职的人有能力，但是他们并不忠于我们。这样的员工我不会重用。更可恶的是，这些人可能会影响其他人的士气。”

工作如同婚姻。我们说，开始一段婚姻，你就要忠于这段婚姻；开始一种职业你就要忠于这个职业。专一与忠贞，在任何时候，都是一种值得坚守的品质。而三心二意、漠视忠诚的人，永远是不能令人容忍，也不值得同情的人。所以，不忠诚于老板、公司的员工，其结局自然可想而知。

其实，上述问题就是员工与老板相矛盾的实例。要医治这种矛盾，最好的办法就是先完全明了矛盾发生的原因，然后从根本上着手。

在实际生活中，有许多人对于自己的矛盾是不注意的。他们以为完全是年龄的关系，只要年龄增加，内心的矛盾自然而然会消失的，这是不会有的事。要解决一个真正的心理上的矛盾问题，只有在心理上再受教育这个方法，否则它势必会达到精神的、神经的崩溃，到那时候，医治就更难了。须知，平常在精神卫生方面预防一分，等于将

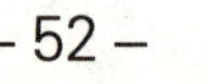

来到疗养院或疯病院里去医治的千分万分。

20世纪60年代，有一位才华横溢、曾经做过大学校长的人，此人精明能干、博学多才，并参与竞选了美国中西部某州的议会议员，似乎很有希望赢得选举的胜利。

但是，在选举的中期，关于他的一个很小的谣言散布开来：

三四年前，在该州首府举行的一次教育大会上，他跟一位年轻女老师“有那么一点暧昧的行为”。如此关键的时刻，出现这个不雅的传言，令他十分愤怒，他想尽一切办法为自己辩解。为了获得竞选的胜利，他无法按捺心中对这一恶毒谣言的怒火，在以后的每一次集会时，他都要站起来极力澄清事实，证明自己的清白。

其实，大部分的选民根本没有听说这个谣言，但是在他的努力澄清之下，人们逐渐知道了这件事，也越来越相信，确有其事。这正应了我们平时常说的一句话：解释就是掩饰，掩饰就是事实。

于是，公众们振振有词地反问：“如果他真是无辜的，他为什么要百般为自己狡辩呢？”如此火上加油，这位候选人的情绪变得更坏，也更加气急败坏、声嘶力竭地在各种场合下为自己辩解，谴责谣言的传播。

最悲哀的是，最后，他的太太也开始相信谣言，就此，夫妻之间的亲密关系被破坏殆尽。结果，那次竞选他以惨败告终，从此一蹶不振。

这就是一个人由于自我内心的矛盾所导致的悲惨结果。

相反的，如果这件事对于一个心境透彻的人来说，他会认识到，

人们在生活中有时会遇到恶意的指控、陷害，更经常会遇到种种不如意。有的人会因此大动肝火，结果把事情搞得越来越糟。而有的人则能很好地控制住自己的情绪，泰然自若地面对各种指责和排斥，在生活中立于不败之地。

一位圣人说过：“一个愤怒的人，浑身是毒。”

我们衷心同情那些浑身是毒的人。因为人的生命是有限的，如果我们把有限的生命的一部分、大部分，甚至是全部，都浪费在为过去的事愤愤不平上，我们是多么值得同情呢？

除了愤怒与自怜，他大可以自问为什么人家不感激他。有没有可能是因为待遇太低、工时太长，或是员工认为圣诞节奖金是他们应得的一部分。也许他自己是不知挑剔又不知感谢的人，以致别人不敢也不想去感谢他。或许大家都觉得反正大部分利润都是缴税，不如当成奖金。

不过反过来说，也许的确是员工太自私、卑鄙、没有礼貌。也许是这样，也许是那样。到底如何，只有身在其中的人才知道。但是不管怎样，我倒是知道约翰逊博士说过：“感恩是极有教育的产物，你不可能从一般人身上得到。”

总之，人世间的所有事物都会存在着矛盾。但是，只要我们能够控制自己，我们就不必在乎内心的不平衡！与其给自己寻找烦恼和痛苦，不如承认使你生存的动物本性，含着生存的社会之标准，再使个人的欲望，适应现实的环境，如此就可避免种种的矛盾，拥有幸福而快乐的人生。

◎ 打开心境的锁

我们知道，心理疾病的病因叫作“病从脑入”，是由于自己的胡思乱想造成的，因此，恢复精神心理健康，一方面必须靠自身，靠自己的醒悟和振奋；另一方面，也需要亲人的关心和社会的心理支持系统的帮助。有轻生念头的人，多是因为意外的精神打击，而自己又不善于宣泄和求助，从而酿成消极抑郁的情绪，甚至罹患“抑郁性神经症”。该症状的典型表现就是悲观厌世，对生活、工作、人际交往失去兴趣，感到生活没有希望，总是想死，并尝试自杀，如果得不到亲人的关注，就可能自杀身亡。

有一位中学生，因为父亲总是赌博，屡教不改，母亲为此大为恼火，所以，夫妻情感极为不和，在父母的无休止的争吵中，这位中学生最终选择了上吊自杀；还有一位女青年，她的儿子只有5个月大，由于与婆婆生气，就服农药自杀了；还有一些人，因为不满意现有生活，寻死觅活，背井离家出走，或者乱吃药，比如吃安定片等镇静剂，或者学着电视剧中的某些角色抽烟、酗酒，以为这样可以解除烦恼。

但是，他们真的就此解脱了吗？

这些事例告诉我们，遇到精神打击和不顺心的事，不能随心所欲地发泄，如果方法不对头，不仅自己不能得到解脱，反而会给别人带

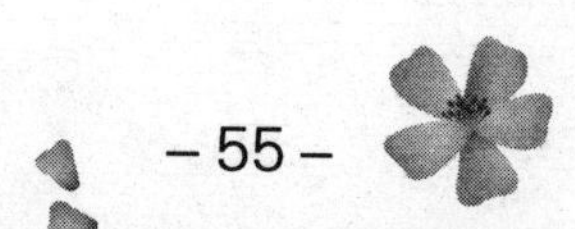

来很多麻烦。严重的还会影响整个家庭和个人的前途。

选择极端的方式并不是解决问题的最佳方法。不如意的事谁都会遇到，如果谁都一死了之，那么人类还如何存在下去？

所以，我们每个人都应该学会“心理自救法”，以便在遭受心理压力时，也能够及时进行自我调节，保持心境明亮，保持心理平衡和心身健康；同时，我们对于自己周围的人，也要给予精神上的关怀和帮助，这是人际关系中的最重要的一环。

心理自救法，是预防自杀的重要心理卫生知识。心理自救法，很简单，就是要学会开朗、豁达，凡事能够想得开，不要小心眼，也不要为一点小事就斤斤计较。我们既然来到这个世界上，就要善待自己的生命，善待自己的心灵，我们要愉快地活着，这比选择“死”需要更多的勇气和自信心，但是它也更有意义和价值。因为只要我们好好地生活和工作，希望就会一直存在。

下面，我总结了四条“心理自救法”，希望这几种方法可以帮你打开你已久锁的心灵。

第一条：放松身体和精神。

转移注意力，不去想令您不愉快的事，可做自己有兴趣的事，如参加文体活动，读一本您喜欢的书，或是听音乐、广播等。

第二条：照旧做自己应该做的事。

安心学习或工作，像什么也没发生一样。专心做事，会使自己情绪稳定，减少烦恼。

第三条：冷静考虑对策。

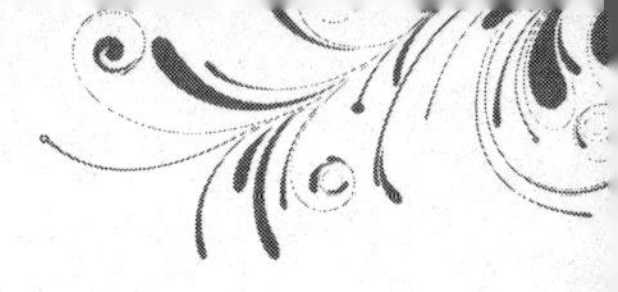

要积极行动，把不痛快的、想不通的事，向自己喜欢和信任的人——爱人、朋友、伙伴、父母、老师等一一说出来，你会得到对方的同情和帮助，这本身就是很好的心理治疗；也可以写在日记里，这是一种自我安慰的方法；必要时还以求助于热线电话、心理咨询门诊等。

第四条：让自己快乐起来。

不要放纵自己的消极情绪，也不要把自己当作病人，因为任何不舒服的感觉也不能成为“避风港”和“防空洞”，如果您能想到，任何事情的发生都有它的合理性，您就不会再以沮丧和烦恼来惩罚自己。

据调查，约有60%的人，不愿向别人倾诉心里话，因为怕别人笑话，怕别人看不起，怕好朋友“出卖”自己，泄露秘密，怕挨父母的批评，或怕爱人误解自己等，而宁愿把自己不愉快的事闷在心里。其实，这样做是很危险的，对自己的身心健康很不利。

我们都知道《红楼梦》中的林黛玉，是一个不愿把自己心中的秘密告诉别人的人，结果她生了重病，年纪轻轻就死去了。这不是作家胡编杜撰的，而是有科学根据的。

现代医学、心理学的研究已经证明，一个人如果长期积累着消极的情绪和过多的忧郁、焦虑、恐惧等不良体验，会诱发各种慢性疾病，如心血管疾病、精神病，甚至包括癌症。所以，学会心理自救法，就可以及早预防各种由心理、精神因素引起的疾病。

所以，我们也要关心自己周围的亲人和朋友。如果有人总是情绪消沉，孤僻自闭，远离朋友，有时呆坐流泪，有时喃喃自语，有时对

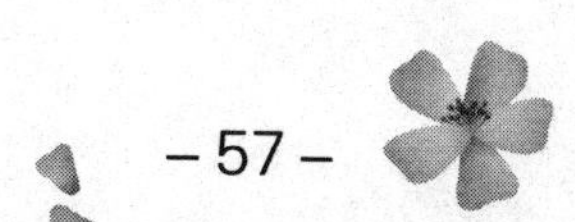

别人说一些类似“遗嘱”的话，或是反复整理自己的东西，性格有异常地改变，在日记、书信或者言谈话语中流露出轻生的念头等，就应该引起警惕，及时与他谈心，陪伴他与人多交往，必要时改变生活环境，如果亲人的开导作用不大，就应尽快到心理门诊进行心理咨询和治疗。如果是较严重的抑郁症，还需要进行药物治疗或是住院治疗，千万不要因为我们的一时疏忽，导致亲人的自杀。

近年来，新闻媒体也多次报道过一些企图自杀的实例，尤其是爬上楼顶、塔顶等高层建筑企图寻短见的人，其实，他不一定想死，而只是想引起社会的关注，或是他想，即使我死去，也不能默默无闻，要让人知道我为什么寻死。但这种方式，不但可能造成众人围观，而且还会带来不良的社会影响，应尽量避免。我认为，整个社会都应该关注这类人群，从心理上给予他们一定的帮助，不至于使他们走上绝路，断送了自己的一生。

总之，我们要打开自己心灵的枷锁，学会自我解救，做一个乐观的人。在陷入困境和逆境时，我们应该看到希望，应该把一切不幸、痛苦、挫折、失败等都看作是精神财富，那样，我们不但可从中得到锻炼，增长社会生活经验，还能很快重新振奋起来，投入到新的生活中，永葆拥有更加灿烂的明天。

第二章 人际交往的心灵空间

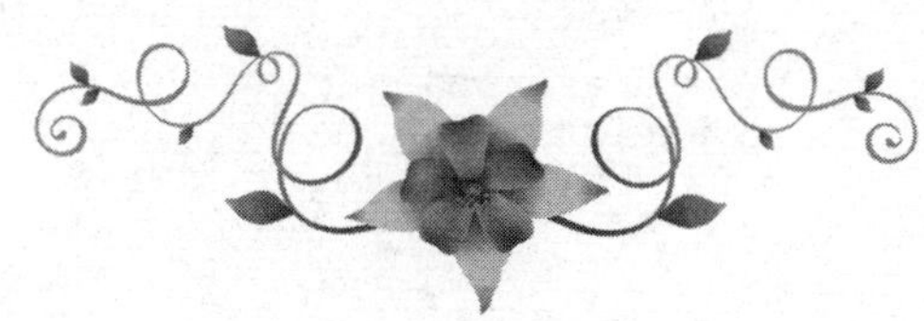

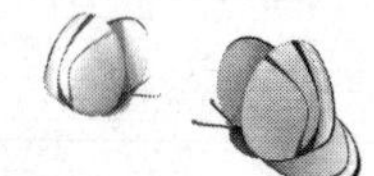

在我们的内心世界里，有些界限是不容许他人越越的，一旦越越了这个界限，人们就会对他产生自我防备。这正好适应了“距离产生美”这句俗话。人与人之间需要适当地保持距离，为彼此的心灵留下一点空间，这样才能平衡人际间交往。距离太远或者太近，都容易导致人际关系不平衡。

◎给心灵一个空间

生活中要给自己一个空间，不然就会活得很累。如果你不能适应的话，你的自我就会进入一种灰暗的心境世界之中。

我这么说是有一定的理论依据的。在心理学上，有一个名词叫心理距离效应，这就是人们常说的刺激法则。这个法则说的是一个十分有趣的现象：

在寒冷的冬季，两只困倦的刺猬因为太冷所以拥抱在一起，但是由于它们身上都长满了刺，紧挨在一起就会刺痛对方，所以无论如何都睡不舒服。因此，两只刺猬就分开了一段距离，可是这样又实在冷得难以忍受，因此它们又抱在了一起。折腾了好几次，它们终于找到了一个比较合适的距离，既能够相互取暖，又不会被扎。这也就是我们所说的在人际交往过程中的“心理距离效应”。

在现实生活中，这种例子举不胜举。一个原来非常敬佩或喜欢的人，在与其亲密接触一段时间后，逐渐发现了对方身上的缺点，你就在不知不觉中改变自己对其原有的好感，甚至变得非常失望与讨厌他。但是，过了一段时间后，你又觉得你们之间还有扯不断的各种关系，于是又走在了一起。可是过了一段时间，又开始讨厌起来。

那么，怎样才能处理好这种关系呢？

曾经有一位心理学家做过这样一个实验：

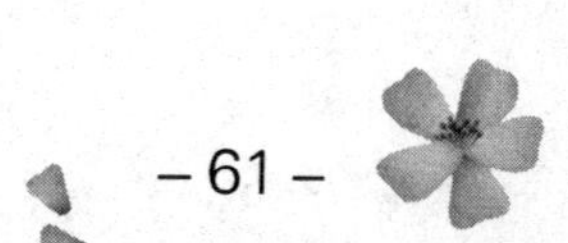

在一个大阅览室中，当里面仅有一位读者的时候，心理学家便进去坐在他的身傍，以此通过这样的方式来测验他的反应。结果，大部分人都快速、默默地远离心理学家到别的地方坐下，还有人非常干脆明确地说："你想干什么？"这个实验一共测试了整整80个人，结果都相同：在一个仅有两位读者的空旷阅读室中，任何一个被测试者都无法忍受一个陌生人紧挨着自己坐下。

通过这个实验我们可以看出，人和人之间需要保持一定的空间距离。

因此，在我们的内心深处，我们也需要一个能够把握的自我空间，它犹如一个无形的"气泡"为自己划分了一定的"领域"，而当这个"领域"被他人触犯时，人便会觉得不舒服、不安全，甚至开始恼怒，即使是夫妻之间的感情也是如此。为此，有人曾这样指出："没有空间的婚姻，这是痛苦的婚姻；没有空间的婚姻，是侵蚀感情的祸水。夫妻之间保留一定距离的婚姻，即使是婚姻幸福的普通人，也比幽居的天才快乐得多。"

我认为，每个人都渴望别人的理解与关怀，每个人都有自己的生命智慧，每个人都可以提供给别人很大的帮助，每个人的内心深处，都有治疗和觉醒的泉源。但是，如果彼此走得毫无空隙可言，就可能压抑彼此的发挥，进而带来一些不愉快，只有保持一定的距离，互相欣赏，互相帮助，那么这种关系就会和谐许多。

丹姆罗希与勃雷的女儿结婚了。勃雷是美国一位有名的演说家，曾一度成为总统候选人。多年前，他们在苏格兰卡耐基的家里认识以

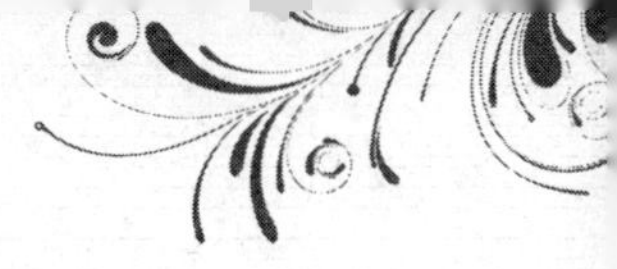

后，丹姆罗希夫妇就一直过着令人羡慕的快乐生活。那么，他们幸福快乐的秘诀是什么?

丹姆罗希夫人说：“除了慎重选择自己的伴侣外，结婚后的礼貌是最重要的。年轻的妻子们对她们的丈夫应该像对刚见面的人一样保留自己的生活空间！否则无论哪一个男人都难逃一个泼妇的口舌。”

法国前总统戴高乐也曾经说过：“仆人眼里无英雄。”这也是在告诉我们，人与人在交往过程中应该给彼此留有一定的余地——相应的心理距离，否则伟大也会变得平凡。

戴高乐是一个非常会运用心理距离效应的人，他的座右铭是，保持一定的距离！这句话深刻地影响了他与自己的顾问、智囊以及参谋们的关系。在戴高乐担任总统的10多年岁月中，他的秘书处、办公厅与私人参谋部等顾问及智囊机构中任何人的工作年限都不超过两年。他总是这样对刚上任的办公厅主任说：“我只能用你两年。就像人们无法把参谋部的工作当作自己的职业一样，你也不能把办公厅主任当作自己的职业。”这就是他的规定。

后来，戴高乐解释说：“这样规定有两个原因：第一，我觉得调动很正常，而固定才不正常。这可能是受到部队做法的影响，因为军队是流动的，不存在一直固定在一个地方的军队。第二，我不想让这些人成为自己‘离不开的人’。惟有调动，相互之间才能够保持一定的距离，才能够确保顾问与参谋的思维、决断具有新鲜感及充满朝气，并能杜绝顾问与参谋们利用总统与政府的名义来徇私舞弊。”

戴高乐的这种做法说明：如果没有距离，领导决策就会过分依赖

于秘书或者某几个人，易于让智囊人员干政，进而使他们假借领导名义去获取自己的私利，这无论是对国家或者是个人来说，后果都将会非常严重。两者相比，还是保持一定距离为好。

需要强调一点的是，人从来到这个世界的第一天开始，就开始了人际交往，我们在给自己留个生活的空间的时候，不能把自己孤立起来。个体与家人、同伴的交往中，积累了社会经验，学到了社会生活所必需的知识、技能、态度、伦理道德规范等，逐步摆脱了以自我为中心的倾向，意识到了集体和社会的存在，意识到了自我在社会中的地位和责任，学会了与人平等相处和竞争，养成了遵守法律及道德规范的习惯，从而自立于社会，取得社会的认可，成为一个成熟的、社会化的人。相反，脱离人类社会的个体，身心会遭受严重的打击，甚至难以发展成为真正意义上的人。

1920年，印度发现了一个名叫卡玛拉的狼孩。卡玛拉出生后就脱离人类社会，同狼一起生活，直到8岁的时候，才回到人中间。她不会言语，只会嚎叫，智力低下。虽科学家们悉心照料和训练，仍未能实现其人的社会化，17岁时，她的生命走到了尽头，但直到那时，她依旧无法学会人类语言，且她的智力水平仅相当于4岁的儿童。

狼孩的故事说明，个体与周围人之间的交往，直接关系到一个人的健康发展。

无论是从科学的角度讲，还是从现实的角度看，无论如何，人都不能把自己孤立起来。因此，必须学会与人保持频繁的接触，只有这样，才能让你在社会中脱颖而出。

在人与人交往的过程中，可以逐渐培养起优越从容的处世技巧，而离群索居只能导致孤立。那些自命不凡的人孤立地生活在自己的世界里，他们没有意识到自己的渺小与局限。这种孤立的境地使他们更加孤陋寡闻。

总之，我们不能把什么事情都做得走向极端，在给自己留足生活空间的时候，也要让自己能够适应整个成长环境的需要。只有这样，我们才能获得自由。

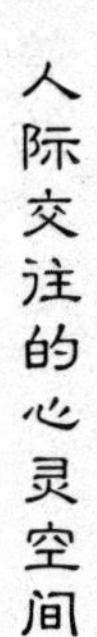

◎ 交往需要空间

自古以来，人际交往就是一个与他人共享资源、共享信息的过程。一个人要想在社会上立足，要想取得一定的成就，那就离不开交往，离不开人际关系。

鸟儿要想飞翔，就不能没有蓝天；鱼儿要想遨游，就不能没有海洋；人要想生存和发展，就不能没有良好的人际关系。人际关系的建立、巩固和拓展都需要作出准确的判断和及时的调整。如何建立良好的人际关系，并巩固和拓展人际关系，这需要我们作出艰苦的努力，并遵循一定的原则。

在人际关系学上，有一条非常重要的原则：先迎合别人的需求，再达到自己的需求，让别人乐意做对双方都有利的事情。然而，令人深感遗憾的是，在这个社会上，只有很少人才能够做到这一点。

可是我们要想获得进步，取得成功，我们就必须做到这一点，因为大凡事业有成的人，总能做到与他人共享利益，有时甚至可以反败为胜。

在人际交往中的心理学中，曾有这样一个有趣的故事：

有一天，富兰克林和一名年轻的同事步行去上班，在他们前方不远处有一名妙龄女郎。她和富兰克林同在政府部门工作。平时，她非常注重自己的外在形象，总是把自己修饰得大方得体、光彩照人。忽

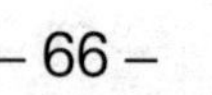
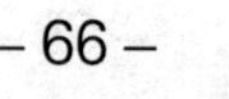

然，那位女郎脚下一个趔趄，身体失去平衡，一下子跌坐在地上。此时，年轻的同事要大步上前去扶她，富兰克林却示意他暂时回避。于是，他们俩暂时躲避在一拐角处，悄悄地注视着那位女职员。只见那位女职员站起来，紧张地环顾一下四周，飞快地掸去身上的尘土，马上恢复了常态，若无其事地继续前行。等那位女职员走远了，年轻的同事迷惑地问富兰克林，为什么不让他去扶女同事。富兰克林淡淡一笑，反问道："年轻人，难道你就愿意让人看到自己摔跤时的窘迫样子？"

是啊，如果是我们自己摔倒了，情愿一个人爬起来，也不会希望有人出手相助，看到自己的窘态。

其实，在人生的旅途上，谁都有"摔跤"的时候。摔跤时，人们会倍感尴尬、狼狈。此时，人们最需要拥有一个抚平创伤、恢复自尊的时间和空间，但这并不等于说，别人一个善意的搀扶就可以弥补我们心灵的伤痛。虽然人人需要爱，但要爱得恰当。爱，要在对的时间，否则那就是一场噩梦。要想赢得良好的人际关系，就要懂得如何关爱别人，要关爱，更要维护其自尊，这样才能相互满足某种需要。

卡耐基非常喜欢在夏天的时候，到缅因州一带去钓鱼，他很喜欢吃鲜奶油草莓。但是，卡耐基发现鱼只爱吃虫，所以，当他钓鱼的时候，他想的不是自己要吃什么，而是鱼儿要吃什么。卡耐基没有用鲜奶油草莓当诱饵，而是用虫和蚱蜢，然后他便可以向鱼儿说："你们要不要尝尝看？"卡耐基的故事告诉我们：要想得到鱼儿，就要像鱼儿一样思考。

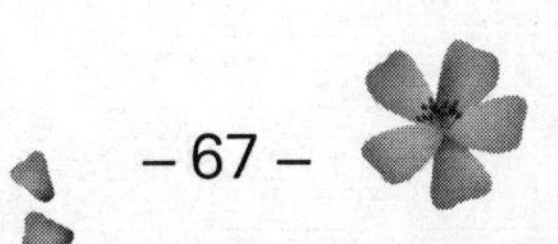

第一次世界大战期间，英国首相劳埃德·乔治正是采用了这种做法。

有人问他，许多战时领袖——像威尔逊、奥兰多和克里蒙梭——都逐渐在人们心中褪色，而他如何能位居要津?

乔治回答：“如果一定要说一个原因的话，那就是，你要钓到什么样的鱼，就得用什么样的诱饵。”

因此，天底下只有一个方法可以影响人，就是提出他们的需要，并且让他们知道怎样去获得。

史坦·诺瓦克的故事也可以说明这个结论。

诺瓦克先生住在俄亥俄州的克里夫兰。一天下班回家的时候，他看见最小的儿子吉姆躺在客厅地板上又哭又闹。原来，吉姆第二天就要上幼儿园，可他说什么也不愿意去。诺瓦克本能的反应是把孩子赶到房里，警告他最好乖乖上学去，除此以外别无选择。

但是，他忽然觉得这个方法并不是叫儿子喜欢上学的好方法。他想：“假如我是吉姆，什么东西会吸引我到学校去呢？”于是，他和太太列出许多吉姆喜欢做的事情，如画指画、唱歌、结交新朋友等，然后付诸行动。

诺瓦克说：“我们都到厨房的大桌子上画指画——我太太、另一个孩子鲍勃和我，大家画得兴高采烈。果然没多久，吉姆也来瞧热闹了，并且要求加入行列。‘啊，不可以，你得先到幼儿园去学怎么画才行啊！’为了激起他更大的兴趣，我把刚才列在纸上的项目，逐一用他能够了解的话去打动他——当然最后告诉他，这些东西幼儿园里

都有。‘第二天，我起了个大早，一下楼就发现吉姆坐在客厅的椅子上。‘你在这里做什么？’我问。‘我等着上学去啊！我不希望来不及。’全家人的努力，终于引起吉姆的渴望，这是威胁和争论所不能达到的。”

其实，卡耐基早就为我们指出，人际交往需要遵循功利原则，即人际交往是满足人们各种需要的活动。

同样，心理学家霍曼斯也说过：“人与人之间的交往本质上是一种社会交换。人们都希望在交往中得到不少于所付出的，如果得到小于付出的，人们的心理就会失去平衡。人际交往中，对人的“好”维持在一定限度是有必要的。不要以为全心全意为对方做事就能得到对方同样的回报。因为对方如果一味接受你的付出，却感到无法回报或没有机会回报的话，他就会背上沉重的心理负担，从而会选择逃避。

总之，我们对人“好”是好事，但是要记得给对方有余地，保持适当的距离，让对方的心灵有足够的空间去接纳我们的好，我觉得这应该作为一项重要的交际准则。当然，你对别人好的时候，也要给人留有回报的机会。

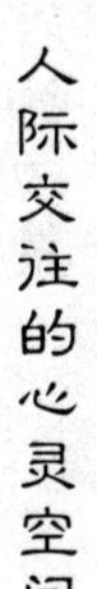

◎ 人与人之间也需要一个空间

人与人相处，贵在心与心的交融，如果彼此在心理上无法获得和谐，那么这种相处就会变成一种负累，一种折磨。也就说，人与人之间需要适当地保持距离，为彼此的心灵留下一点空间，才能平衡人际交往。如果违背了这一规则，人与人的交往就很难获得长久。

人与人相处最重要的就是体谅别人，了解别人的辛苦，做到这一点是不容易的。一旦做到理解别人，你就可以少生很多冤枉气，而增添很多快乐。而理解也是需要修炼的。首先要有与人为善的诚意，能够原谅他人的过错的胸襟以及甘于退让的大气。遇事多站在别人的角度去考虑，多一分冷静，少一点狂热，多一分理智，少一点偏执，就是再激烈的矛盾也一样能消解。

有这样一个故事：

一个小康家庭，夫妻生了3个儿女，丈夫工作，儿女读书。每天丈夫下班一回到家，就对太太说："你真幸福，一天到晚在家没有事做，我在外面为公家忙，每日事多心烦。"

妻子以女人的美德、沉默应付丈夫惯以为常的说法；儿女个个在学习读书，回到家里便一直叫着、嚷着，要吃饭、要休息，说自己在学校里读书，如何辛苦，如何忙碌，甚至怪妈妈在家里都没事做，不晓得我在学校的辛苦。

一天，恰逢丈夫和孩子休假，妻子跟先生和儿女说要回娘家探望家人，请假一天，家务就请他们代劳。丈夫因为是一个科学管理专家，即刻下令自己负责这一天下厨料理三餐；17岁的大女儿要负责拣菜、洗菜，准备碗筷开饭等；二儿子负责庭院树木浇水，扫院子里的落叶；13岁的小妹，因为年龄小，就负责擦桌扫地，整理环境。一天下来，男主人和3个孩子腰酸背痛，每个人都大喊吃不消，家务太多了。这时大家忽然想起来，平时，我们4个人的工作都是妈妈一个人在家做！这才感到当初怪妈妈是错的，因为妈妈真的很不容易。其实，妈妈很忙，很伟大。

人际关系的观点认为冲突必然而不可避免地存在于所有组织之中。由于冲突是不可避免的，因此应该接纳冲突。这一观点使冲突的存在合理化；冲突不可能被消除，有时它甚至会为组织带来好处。自20世纪40年代末至70年代中期，人际关系的观点在冲突理论中占据统治地位。

其实，人与人之间的交往，就是要有来有往，如果只来不往就违背了自然交往的规则，因此，也就不会长久。

也许我们很多人认为坐享其成很好！其实，“享受其成”也要有个度。实际上，对一个有劳动能力、理智健全的人来说，独立付出都是他们正常生活的需要，出现异常，人们就会感到不安或不自然。所以，在人际关系中，如果我们不能相互满足某种需要，那么就很难维持这种关系。

交往中需要与人保持一定的距离，美国学者研究认为，46厘米至

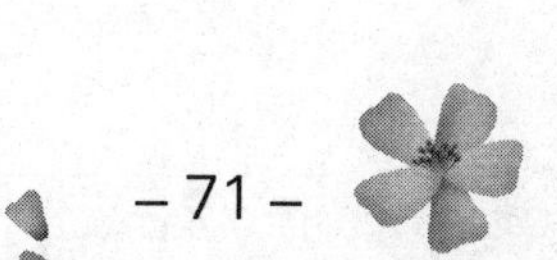

61厘米是一个的私人空间，女人或男人可以安然地呆在私人空间内。76厘米至122厘米，这个空间最适合讨论。同样，当你与爱人约会的时候，和他之间的距离最好不要超过46厘米，否则他会觉得受到了你的冷淡，可能引起误会。与同事或领导讨论公事，最佳的空间距离为122厘米至213厘米：大于这个距离，对方则会误认为你态度不认真；小于这个距离，对方会觉得你有逼迫之嫌。和非亲密朋友交谈，较佳空间距离是213厘米至366厘米：小于此距离，对方会觉得你盛气凌人；大于此距离，对方会觉得你没礼貌。这个空间距离也是与普通朋友交谈的适当距离。演讲者与听众之间，或有矛盾的人之间的谈话距离一般在336厘米以上。最佳距离的多少还与交往者的文化背景有关。比如，你如果与一位美国人交谈，距离不得小于60厘米，否则他会觉得你不友好；如果与一名阿拉伯人交谈，就要小于60厘米，否则他也会觉得你不友好，可能会出现他会不断向你靠近以示友好而你则不断后退的有趣场面。究其原因，是不同文化背景所致。另外，心理学家还发现了以下的规律：人们离他喜欢的人比离他讨厌的人更近些。

我们知道，成功学大师戴尔·卡耐基有一个重要的思想：要遵循心理交往中的功利原则。这一原则是建立在人的各种需要（包括精神的、物质的内容）的基础上，即人际是满足人们需要的。因此，我们在人际交往的时候，也要注意这一点。

◎ 善于换位思考

通常，人们喜欢与和自己有共同之处的人交往。

在人际交往过程中，我们常常可以发现，在一段时间的交谈后，突然发现对方有和自己相同的境遇，是一件令人兴奋的事情。这是因为，和自己的共同之处越多，就越容易相互理解，相互交往就越容易。如果总是强调差异，就不会相处融洽。强调差异会使人与人之间的距离越来越远，甚至最终走向冲突。

只有把自己融进对方，让两人变为一人。这个时候，无需恳求命令，两人自然就会合作。唯有先站在同一立场上，两人才有合作的可能。就算是对手，你也得先和他有共同的利益关系，方可走到一起来。

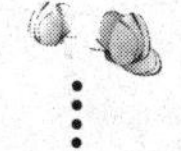

如果你对别人有所不满，那也是非常正常的心理现象，但是请不要在众人面前表达出对对方的不满，这样可以维护他的自尊。如果你想与对方交流，可是发现对方情绪处于愤怒、悲伤的状态下，不利于理性思考问题，那么，你务必要等待对方冷静下来时再做沟通。避开喧闹的环境，在幽雅的场所表达不满能更好地表现出你的诚意，对方也容易在放松的心境下接受你的意见。另外，与人交往时，换一个方式来阐述问题，也许会变得使人容易接受。时刻注意这点，你会变得越来越有亲和力。

在一堂老师没到的自习课上，不知道哪位同学突然放了一个响亮

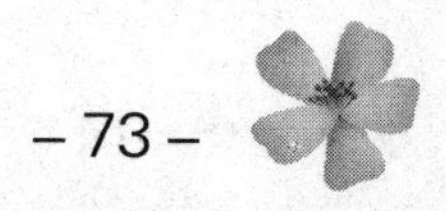

的屁，引得全班同学哄堂大学，还有不少男生骂那位学生没修养，而女生们则用手掌在鼻子前扇来扇去，整个教室一时像炸开了锅。

就在这样的混乱时刻，班长站起来大声说：“安静，乱放屁的人也太没修养了嘛，污染空气真缺德，笑的人、哄笑的人也没涵养，吃了五谷，哪个人不放屁呢？”

班长的话更是如石投水，引得满堂议论。大家都愤愤不平，说班长没涵养，说话没分寸。班长顿时成为众矢之的，难堪极了。

这时候，老师走进教室来了，沸腾的教室顿时鸦雀无声。细心的老师发现每个学生都带着怒气，请一名同学到教室外问明真相之后，就把班长叫到办公室来，给他讲了下面的故事：

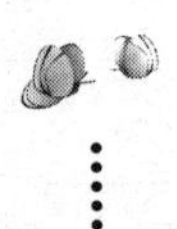

明朝开国皇帝朱元璋，少年时当过放牛郎，交了一些穷朋友。称帝后，他总有一种高处不胜寒的感觉，总想找找昔日的朋友叙叙旧。

一天，朱元璋的一个旧友前来拜访，被朱元璋引进宫内。那人一坐下便指手画脚地说：“我主万岁！皇上还记得吗？从前你和我都替财主放牛，有一天我在芦花荡里，把偷来的青豆放在瓦罐里煮，没等煮熟，大家都抢着吃。你把罐子都打烂了，撒了满地的青豆，汤都泼在地上了。你只顾从地上抓豆吃，不小心把草叶送进嘴里，卡住了喉咙。还是我的主意，叫你把青菜叶吞下，才把卡在喉头的草叶咽进肚里去。”

朱元璋听了他的话，在百官面前哭笑不得，为了保住体面，他把脸一沉厉声喝道：“哪来的疯子，给我乱棍打出去！”

后来，这位不会说话的糊涂蛋跟朱元璋的另一位旧友——昔日的

同路放牛娃说了这件事。那个放牛娃抿嘴一笑，说：“你看我去，保得富贵。”于是，他大摇大摆走进宫来，一见朱元璋，纳头便拜，然后说：“皇上还记得吗？当年微臣随着你大驾，骑着青牛去扫荡芦州府，打破了罐州城，汤元帅在逃，你却捉住了豆将军，红孩儿挡在了咽喉之地，多亏菜将军击退了他。那次战斗我们大获全胜。”

朱元璋对旧友吹嘘的那场战争心知肚明，他把丑事说得含蓄动听，面上有光。又想起当年大家饥寒交迫有难同当的情景，心情激动，立即封这位旧友为御林军总管。

领悟力强的班长很愧疚地说：“老师，我知道自己错了，不管是哪位同学放的屁，我们应把丑事说得美，把刺耳的话说得入耳动听，让人听得舒服些。”

过后不久，班里又发生了同样的事情。这次班长就委婉含蓄地说：“污染空气的同学请注意憋气；讥讽憋不住气的同学，请注意养气；我们要保持清新的空气和安静的环境，大家都要有爱心和正气。”很快，沸腾的教室就恢复了平静。

由此可以看出，在人际交往中，如果你能够把事情处理得平和一些，就能和你身边的人保持默契，或者说有一种感应。通常只有当你和别人相处融洽时，才会产生这种默契。

也就是说，我们在交往中必须学会心理换位，包括同情和移情两种能力。

所谓同情，就是理解他人情绪情感的能力。有些时候，注意到他人的情绪反应，如喜悦、悲伤、愤怒、怨恨等，就能知道他人此时

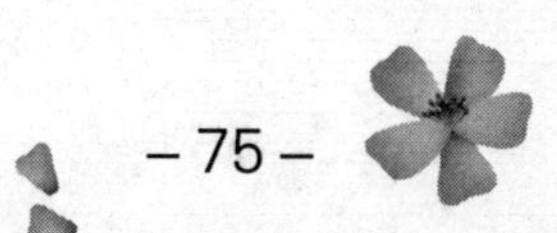

此地处于什么样的情绪状态，但并不能理解他人为什么会有那样的反应。如果在交往中，能真正站在对方的立场，理解对方在一定情境下所表现出来的情绪反应，那么，彼此的交往就会收到良好的效果。

所谓移情，就是当知觉到他人有某种情绪、情感体验时，可以分享他的情绪、情感。这种分享并不仅仅意味着同情，而是指对他人的情感产生情绪性反应。在人际交往中，移情的能力可以使人与人之间相互理解，和谐相处，有助于建立良好的人际关系。

当我们学会心理换位的时候，我们便能更好地处理人际关系中不协调的心理现象，使自己的人际关系变得更加和谐。

◎ 学会赞美他人

人是有需求的，需要得到社会的承认和他人的认可。如果你能以诚挚的敬意和真心实意的赞扬满足一个人的自我需求，那么任何一个人都可能会变得更令人愉快、更通情达理、更乐于协作。恰当地赞美别人，会给人以舒适感，所以在交往过程中，我们要学会发现对方的闪光点，学会恰到好处地赞美他人。

的确，说话要讲究方式，同样的意思换一个方式也许会变得使人容易接受，时刻注意这点会使你变得越来越有亲和力。

美国著名心理学家威廉·詹姆士说：“人类本性中最深的企图之一是期望被赞美、钦佩、尊重。”

每个人都希望被赞美，这是人们内心中的一种基本愿望。所以，当我们生活在社会当中，要想在善意和谐的气氛中做一些事情，就应该去寻找别人的价值，并设法告诉他，让他觉得他的存在是多么重要，他的价值实在值得珍惜，这样我们便在无形中扮演了鼓励他、帮助他的角色。他会因此看到一个崭新的自己。这就是赞美的意义。

在现代社会的人际交往中，赞扬他人已成为说话的学问，能否掌握和运用这门学问，使之符合时代的要求，这是衡量现代人的素质的一个标准，也是衡量个人交际水平高低的标志之一。下面，我给大家提供一些赞美的技巧，希望大家借鉴学习，以便在人际交往过程中如

鱼得水。

1. 赞美要足够真诚。

其实，赞美并不需要华丽的语言和辞藻，有时候，只要你足够真诚，就能令人感到无限的温暖，甚至会因此感动一生。

中央电视台体育评论家宋世雄老师以他丰富的知识、敏锐的洞察力、精辟的解说受到了全国人民的深深喜爱。有一次，宋世雄打出租车到中央电视台转播一场比赛，当出租车司机将他送到电视台后对他说：“宋老师，转播完球赛都深夜一点了，您怎么回去呢？我夜里一点再回来接您。”

普普通通的几句话，虽然没有任何精美的修饰，但却表现了出租车司机对宋世雄的敬佩之情、赞美之意，感人肺腑。宋世雄也深受感动，多年以后，当宋世雄老师回忆起当年的事时，他还说：“人生当中，还有什么比这种真挚的情感更珍贵的呢？”

2. 赞美别人引以为荣的事。

当别人因为你的赞美而快乐时，也会“投之以桃，报之以李”，对你产生好的印象。当你提出要求和意见时，别人也容易接受。

那么，怎样才能了解别人引以为荣的事呢？

如果是熟人，根据平时的接触和了解，不难知道他值得自豪的成就或才能。如果是初次见面的陌生人，可以通过交谈来了解，一般人都有那种不愿“衣锦夜行”的心理，对自己引以为荣的事总会若隐若现地透露出来，以便得到别人的肯定；也可以通过对方的朋友、同事来了解。比如，从事写作的人当然希望别人称赞自己文章写得好，做

生意的人当然希望别人认为自己精明能干，等等。

当然，凡事都有例外，有些人引以为荣的事并非显而易见。

例如，金庸是个享誉全国的作家，但是，当别人夸赞他的作品时，他可能无动于衷，若是夸他围棋下得好，他才会笑逐颜开。生活中这样的例子不是很多，这就需要我们多留心，多发现。只有这样，才能另辟蹊径，不落俗套，打动人心。

3. 不要自我吹虚。

在赞美别人的过程中，千万不要把对别人的赞美变成了抬高自我形象的工具。即使你是无意的，对方也会不高兴，因为他会觉得你自认为比他强，从而使他产生一种不自在，甚至厌烦。比如说："你画的画不错，只要再努力一下，一定会比我强。"

4. 不用语言也可以赞美。

美国总统罗斯福因为右脚瘫痪，不能使用普通的汽车，克莱斯勒公司为他制造了一辆特殊的汽车，只要一按按纽，车子就可以开动，十分方便。当工程师钱伯林先生把这辆汽车开到白宫的时候，罗斯福立刻产生了很大的兴趣，他的朋友和同事也都十分欣赏，并当着总统的面夸奖说："钱伯林先生，我真感谢你花费时间和精力研制了这辆车，这是件了不起的事。"但是此时罗斯福总统却接着欣赏特制车灯、特制后视镜以及散热器等，他注意到了每一个细节，并让他的朋友们一起注意这些装置的特殊性。这种无声的欣赏正是一种具体化的表扬，比几句简单的赞美更让克莱斯勒的员工们感到他们确实做了一件了不起的事情。

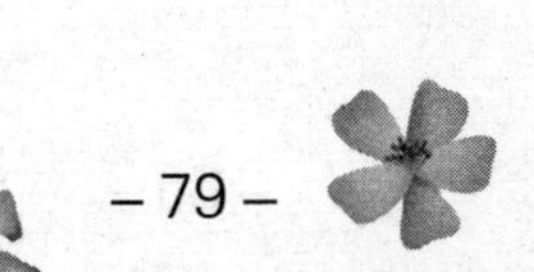

5. 满足别人的虚荣心。

“人是一种爱好名声的动物”，每个人都有一定的虚荣心。虚荣心不但是一种自我肯定，也有一种寻求他人肯定的愿望。当虚荣心得到满足时，能给人带来难以言喻的愉悦和自信心的高涨。因此，从某种角度来说，满足别人的虚荣心，是在为别人制造欢乐。一个经常为别人带来欢乐的人，肯定是一个受欢迎的人。

虽然每个人的虚荣心都有所差别，但就一般而言，才华和品貌是人人都渴望拥有的。从这两方面入手来满足别人的虚荣心，“虽不中，亦不远矣”。

人的外貌跟才能一样，是每个人都看重的，对女性而言，更是如此。

无论男女，“天生丽质”的毕竟是少数，但这不是说值得赞美的人极少。有人说，即使最漂亮的女人对自己的外貌都没有绝对自信，需要靠赞美来维持信心。而男人对外貌的重视程度虽不如人，但无不注意自身魅力，尤其是才能方面，需要得到别人的肯定。

在这个世界上，人人都需要并渴望得到赞美。因此，以诚待人，满足别人的虚荣心，大家都会获得更多的快乐和满足，这个世界都会因此而变得美好。

◎ 在心境中培养亲和力

亲和力是人际关系能力的综合体现。它一方面表现为主动控制人际交往，另一方面表现为被其他人所认可。亲和力强的人具有与人为善的心态，他不把人假定成丑恶的、讨厌的、难缠的，他假定人是善良的、有趣的、讲理的。因此，他在与人交往时，就会采取一种主动、友善、接近的态度，在他的感染下，双方也会采取相同的态度，双方的交往会感到愉快和满意。

在大选来临之前，英国女政治家玛格丽特·撒切尔夫人所在的保守党面临一个难题——如何制止颓势？撒切尔夫人说：“我们只有一个办法，走出去，到选民中去。这样就会最终获胜。”

但是保守党的工作人员经常认为，和撒切尔夫人在一起搞竞选很累。她在大街上东奔西跑，走家串户。一会儿在这家坐一会儿，同房东交谈一会儿；一会儿又同那个握握手，或向坐着扶手椅的问长问短；一会儿又到商店询问价格。大部分时间，她带着秘书黛安娜跑来跑去，午饭时，她们就到小酒店和新闻发言人罗伊·兰斯顿以及委员会的其他成员一起喝啤酒。然后，她又去握更多的手，参加集会作演说，接见更多相识过的人。但最终，她的做法赢得了所有人的信服。正是由于撒切尔夫人的身体力行，她赢得了越来越多的拥护者，为竞选打下了坚实的群众基础。

一般而言，有亲和力的人在他人眼中有两个特点：有益，无害。

有益，是指能给人带来实际的利益或者心理上的舒适感；无害是指攻击性不强。也就是说，具有亲和力的人有一些确实的优点，同时并不完美无缺的，因为完美无缺的人会产生距离感，减少亲和力。

心理学家研究发现，最为人欣赏者是精明中带有缺点的人。心理学家阿隆逊将四卷录影带分别播放给四组受试者观赏，让他们凭主观的感觉评分，以表示他们对被访者喜欢的程度。录影带的内容都是访问员与受访者面谈，四卷录影带中的人都是一样的，只是事先的介绍以及访问过程各不相同。

第一卷：将受访者描述成能力杰出的大学生，给人的印象是完美无缺的。

第二卷：将受访者描述成能力杰出的大学生，但是在访问过程中他有些紧张，将面前的咖啡打翻，弄脏了一身新衣服。

第三卷：将受访者描述成普通的大学生。

第四卷：将受访者描述成普通的大学生，而且在访问过程中紧张得将咖啡打翻。

结果显示，大家最喜欢的是第二卷中的受访者。精明的人犯点小错，不仅是瑕不掩瑜，反而成了优点。也就是说，一般人与全然无缺点的人相处时，总难免因己不如人而感到不安，如一旦发现精明人也和自己一样有缺点，就会因为他也具有平凡的一面而使自己感到安全。

那么，如何才能让人觉得有亲和力呢？

除了学会“雪中送炭”之外，最简单的就是赞美别人。

詹姆士教授说：“人性中最深切的本质，就是希望得到赞赏。”你希望那些跟你来往的人都赞赏你。你希望大家赏识你的真正身价。你希望在你的小世界中得到你是重要人物的一种感觉。

因此，我们就要遵守这条金科玉律，以希望别人怎样待我之心去对待别人。要做到这一点，首先就要做到对人“以礼相待”，那么怎样才能做到“以礼相待”呢？

我认为最重要的一点就是多说一些客气的话。在生活中，我们应该经常说一些像“抱歉，麻烦你”“请问能否”“拜托啦”“请问是否可以”“谢谢你”之类的话，虽然都是一些生活细节，但是它们却可以润滑每日生活的单调。而且，这些礼貌也是良好家教的表现。

其实，你所碰到的每个人，几乎都认为他在某些方面比你优秀；而一个绝对可以赢得他欢心的方法是，以一种不露痕迹的方法让他明白，你确认他在自己的小天地里是个重要的人物，而且你是真诚地确认他这点。这是一个不容争辩的事实。

人们都愿意和亲和力强的人交往。如果某个人在与人交往中表现出傲慢、冷漠、拒人于千里之外，那么会使别人感到不快、别扭、受到侮辱，因而不愿意和他交往；如果某个人在和他人交往时表现出害羞、胆怯、缩手缩脚，那么，别人和他打交道时也会觉得不那么舒畅，虽然不会引起别人厌恶，但也影响人际交往的质量，无法达到心灵的共鸣。如果一个人有很强的亲和力，与人交往时不但能够容易沟通，顺利地实现双方的愿望，而且会使双方感到愉快。

“知人者智，自知者明”，知人固然不易，然而知己更难。在古

希腊戴尔菲神庙的铭文上写着“认识你自己”几个大字。

一个亲和力很强的人，往往对人对己都有很强的理解力和洞察力。他能够知道自己是一个怎样的人，知道自己的优点和缺点，对自己既不夸大也不妄自菲薄；对别人能够体察入微，认识到每个人都会有自己的个性、爱好和禁忌，在与人交往时，不把别人看得过于高大，以至使自己害怕，同时又能尊重别人。这就是具有亲和力的好处。

总之，请记住爱默生说的：“每一个我碰到的人，都在某方面比我优秀，而在那方面，我可以向他学习。”这样，你会越来越有亲和力。

◎ 确定你的价值观

无论是在工作还是生活中，一个内心充满快乐的人，他周围的人也一定是快乐的。一个人充满积极向上的人，他身边的人也一定是有所追求的，因为他的外在生活通常会让他过得开心、成功而且富足。

我们知道，因为身边有了很多成功的人，所以我们才会相互比较，相互模仿，相互超越，甚至会产生一些不切实际的想法或者坏点子，比如，企图心。其实这些都是人们的正常反应，如果我们失去了这一切，我们就不会走向成功。这是成功的一大动力。

亚里士多德曾经说过："人的最终目标或目的是要获得个人幸福。"

当我们的追求脱离这个目标和目的时，我们的价值观也就产生了偏差。毕竟一个人的生活不仅是外在的，也是内在的。个人品性的核心就是价值观，正是价值观成就了一个人。无论对价值观的认识是清醒还是糊涂，一个人外在的行为都取决于他内在的价值观。因此，人们对自己内在的价值观越清楚，外在的行为就越明确、越有效。

一个拥有正确的价值观的人意味着是一个能在大是大非的问题上作出正确抉择，意味着他是一个有道德、讲诚信、负责任的人，是一个值得信赖、值得托付的人。也就是说，当我们的外在行为与内在的价值观相符合的时候，我们就会感觉到这个社会非常美好，就会感觉

到我们生存的环境非常和谐，我们自然就会觉得非常开心，就会觉得周围的世界非常美好。对此，西方一句名言说得恰如其分——“成功与否并不取决于我们是谁，而是取决于我们如何看待自己”。

相信你一定遇到过棘手的情况，迟迟下不了决定。这其中的原因乃是你不知道这种情况下什么是最重要的价值。而事实是，一切的决定都植根于清楚的价值观。

一个成绩卓越的人，一定是一个成功的人，也是一个比较果断的人，因为他清楚地知道自己人生中最重要的价值何在。价值观有如人生的指南针，引导人通过人生中各种困境。

每个人都有自己的价值观，不同的价值观，带给人不同的人生；无论任何人，他的价值观只能是经过他自己痛苦的选择后才决定下来的。

那么，什么叫作价值观呢?

简单地说，就是每个人判断是非黑白的信念体系，引导我们追求所想要的东西。我们一切的行为，都在于实现我们的价值观，否则就会觉得人生有缺憾，没有意义。价值观会主宰我们的人生方式，影响我们对周围一切的反应。

海伦是个地方报纸的专栏作家，专门报道内幕新闻，薪水很高，朋友都觉得她很幸运，然而，她从来就没有感受到成功。很多人都想知道原因，其实原因很简单，因为她非常重视人道主义：她喜欢帮助人，她需要帮助人。写这种专栏不但不能满足她帮助人的欲望，还令她有剥削别人的感觉。

也许别的人不会有这种感觉，也许别人喜欢写这种专栏。可是最

重要的是，海伦有不好的感觉，她根本就不喜欢写这种专栏。

对她来说，写这种专栏就是一种自己害自己的表现。当然最根本的原因是因为她看不起自己的工作，所以她看不起自己，她如何会体会到成功的感受呢？

但是，假如海伦清楚自己的价值观，接受自己的价值观，那么她一定会找个新的工作，也许就是改写能帮助人的专栏。

有什么样的决定，就会造成什么样的命运，而主宰我们作出不同决定的关键因素就是个人的价值观。爱因斯坦说：“一个人的真正价值首先决定于他在什么程度上和在什么意义上从自我中解放出来。”

如果我们不知道自己人生中什么是最重要的——什么价值是我们确实应该坚持的——那么怎会知道该建立什么样的人生价值？又怎样能知道该作出何种有效的决定？

不管你的价值观是什么，但千万别忘了，它就是你人生的指南针，引导着你人生的去向，每当你面临选择的关头，它就会为你作出决定，使你拿出必须的行动。如果你使用这个指南针不当，它就会给你带来挫折、失望、沮丧，甚至人生就此掉进阴暗的世界；然而你若使用得当，它就会带给你无比的力量，令人生充满自信。

因此，好好思考你目前所持的价值观，它们是怎么塑造出今天的你的。今后你要坚守正确的价值观，修正错误的价值观，因为你的一切决定都受制于所持的价值观，半点都由不得自己。

一旦你知道了自己的价值观为何，就会明白何以会走那样的人生方向；此外当你知晓自己的价值体系，也就会明白为什么有时候会难

以下决定，为什么内心有时候会挣扎。

一个人要想体现自己的人生价值，他就必须清楚知道自己的价值观，同时确实按照这个价值观过其人生。一个人只要改变自己先前的信念，能够始终盯着更高的价值标准，那么他的潜能就会有更大的发挥，人生也因此大大地改观。

不属于你的东西，你不必假装拥有；属于你的东西，你更不必否认。假如你喜欢自主，很好！假如美丽的环境对你很重要，很好！你的价值观是你本质的一部分，因此，要想做一个诚挚的人，你必须先得了解和接受自己的价值观。

马斯洛说过：“音乐家作曲，画家作画，诗人写诗，如此方能心安理得。”当你知道了自己的价值观后，就能更清楚明白自己的作为，不会今天一下子向东、明天一下子向西。当我们的行为与内心最重要的愿望相符，那么便会在内心得到认可，那么成功也就越来越近了。反之，如果一个人正在追求某件东西，但在内心里却与是非黑白的信念相冲突，那他就会陷于内心混乱的地步。

如果你想更好地发挥潜能，那么它和你的价值观是分不开的。我们若想发挥潜能，若想能改变、成功、兴盛，就得清楚自己以及他人的法则，同时确实知道衡量成败的标准。否则，我们只是个富有的乞丐。许多人牺牲自己的价值观，去做自己不愿意做的事，这就是他们不能发挥他们潜能的原因。

该做老师的人做了企业家，该做企业家的人却跑去当老师，该做管理员的跑去做推销员，该做律师的跑去当医生，应该做医生的却自

己创业做老板——这种入错行的人太多了。他们注定要失败，因为他们没有选择能激发潜能的生活……

要想发挥潜能，要想成功，你一定得表现你的价值观。当然，还有一点你必须知道，所有的价值观都是中性的，无所谓好的价值观与坏的价值观。渴望权力没什么不好，因为权力是中性的。重要的是你运用权力的方式是建设性的还是破坏性的，你有可能当希特勒，也有可能当甘地，全看你怎么利用这些价值观构成你之为你的因素罢了。

所以我们说，要想成功，你的行为必须与你的价值观相一致，反之一切语言都没有任何意义。只有明确自己的价值观，知道自己到底想要什么，我们才能围绕着我们的需求来展开自己的人生。

如果一个人外在的行为背离了其内在的价值观，那么他就会感到压力、沮丧、悲观、愤怒，甚至是心灰意冷。那么，我们怎样才能避开这些不良的情绪，给自己一个光明的人生呢？这个问题的答案是——我不能把今天用堤岸围住，第二天带回来。我要用双手抓住这一天的每一秒钟，并用爱心抚摸。

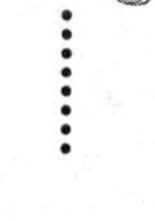

美国女作家海伦·凯勒的《假如给我三天光明》鼓舞了很多人，甚至成为了世界儿童的经典读物。在本书中，海伦·凯勒以一个残疾人特有的艺术感觉，描述了一个残疾人对生命、对健康特有的感悟。正因为她具有这种良好的心态，对生命的积极的态度，才让她的生命不至平庸，才让她的人生具有非凡的意义。

太阳光下这五颜六色、色彩斑斓的世界对于我们这些耳聪目明、四肢健全的人来说，实在算不了什么，人世间鼎沸喧闹的人声实在也

算不了什么。对我们来说，这些东西实在是再普通不过了。因为普通，所以我们没有学会珍惜，我们不懂珍惜，比如色彩、光明、喧闹，乃至于我们的生命，我们都可以随意地挥霍和浪费。所以，我们身边的大多数人虽然耳聪目明、四肢健全、体格硕健，但却饱食终日，无所事事，到最后并没有取得人生的最后成功。

史蒂芬·柯维曾经说过："当你顺着阶梯一步步向成功巅峰攀登的时候，一定要确定这梯子搭对了地方。"

许多人付出巨大的辛苦和努力来实现他们自认为是正确的目标，到头来，他们却没有获得幸福和满足感。于是他们问道："我们难道就应该这样生活下去吗？难道我们就没有改变我们自己的能力吗？"也就是说，当一个人的外在成就与他的内在价值观不一致的时候，就会出现这种情况。我希望我们不要出现这样的局面，因为我们的生活不应该是这样的。

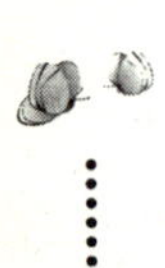

苏格拉底曾经说过："未曾自省过的人生是没有意义的。"无论是在价值观问题上，还是人生的其他事情上，这句话都适用。对价值观明确一定要是不断进行式的，就像球场上的暂停一样，你要不断地留出时间自我反省："在这方面，我的价值观如何。我追求的到底是什么？我究竟需要什么？"这就像在《圣经》里所写一样："人若获得全世界，却赔上自己的生命，能有什么益处呢？"只有那些外在生活与内在信念和价值观相一致的人，才是最幸福的人；而那些活在自我矛盾中的人，则是最不幸的人。

现在的你拥有什么，处于一个什么样的状态其实都不重要，因为

真正重要的是未来的你取得什么样的成就。

曾经，有一个年轻人由于职业发生问题跑来找拿破仑·希尔，这位大学生举止大方，聪明，未婚，大学毕业后已经四年了。

他们先谈年轻人目前的工作、受过的教育、背景和对事情的态度，然后拿破仑·希尔对年轻人说："你找我帮你换工作，你喜欢哪一种工作呢？"

"喔！"那位大学生说："那就是我找你的目的，我真的不知道我想要做什么工作？"

这个问题很普遍，替他接洽几个老板面谈，对他没有什么帮助。因为误打误撞的求职法很不聪明。由于他至少有几十种职业可选择，选出合适职业的机会却并不大。拿破仑·希尔希望他明白，找一项职业以前，一定要先深入了解那一行才行。

所以拿破仑·希尔说："让我们从这个角度来看看你的计划，10年以后你希望怎样呢？"

那位大学生深思了一下，最后说："好！我希望我的工作和别人一样，待遇很优厚，并且能买一栋好房子。当然，我还没深入考虑过这个问题呢。"

拿破仑·希尔对那位大学生说这是很自然的现象。他说："你现在的情形仿佛是跑到航空公司里说'给我一张机票'一样，除非你说出你的目的地，否则人家无法卖给你。"所以，拿破仑·希尔又对他说："除非我知道你的目标，否则无法帮你找工作。只有你自己才知道你的目的地。"

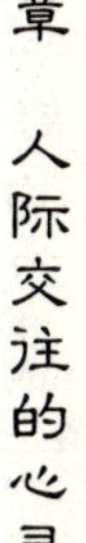

这使得这位大学生不得不仔细考虑。接着他们又讨论各种职业目标，谈了两个小时。拿破仑·希尔相信他已经学到最重要的一课：出发以前，要有目标。

从某个角度来看，人也是一个商业单位。你的才干就是你的产品，你必须发展自己的特殊产品，以便换取最高的价值。通过下面有两个有效步骤，你便可以实现这个价值。

第一步，把你的理想分成工作、家庭与社交三种。这样可以避免冲突，帮你正视未来的全貌。

第二步，针对下面的问题找到自己的答案。我想完成哪些事？想要成为怎样的人？哪些东西才能使我满足？

下面是拿破仑·希尔教过的一个学员的部分计划：

“我希望一栋乡下别墅，房屋是白色圆柱所构成的两层楼建筑。四周的土地用篱笆围起来，说不定还有两个鱼池，因为夫妇俩都喜欢钓鱼。房子后面还要盖个都贝尔曼式的狗屋。我还要有一条长长的、弯曲的车道，两边树木林立。但是一间房屋不见得是一个可爱的家。为了使我们的房子不仅是个可以吃、住的地方，我还要尽量做些值得做的事，当然绝对不会背离我们的信仰，一开始就要尽量参加教会活动。”

你还要这样设想：“10年以后，我会有足够的金钱与能力供全家坐船环游世界，这一定要在孩子结婚独立以前早日实现。如果没有时间的话，就分成四五次作短期旅行，每年到不同的地区游览。当然，这些要看我的工作是不是很成功，才能决定，所以要实现这些计划的

话，必须加倍努力才行。”

这个计划是五年以前写的。这位学员当时有两家小型的“一角专卖店”，现在他已经有了五家，而且已经买下了17英亩的土地准备盖别墅。他的确是在逐步实现他的目标。

因此，在你计划你的未来时，也要这么做，不要害怕画蓝图，要眼光远大。现代的人是用幻想的大小来衡量一个人的。一个人的成就多少比他原先的理想要小一点。

◎ 明确自己的态度

在我们的一生中，很多时候，我们的态度会影响到我们的成长。也就是说，明确了自己的价值观之后，还必须让我们具备一种态度，一种正确的、可以适应当代社会的人生态度。当然，这种态度不是与生俱来的，需要我们自身的努力，需要去不断地培养。

不管怎样，我们必须记住一点：态度是行动的前提，态度受价值观的指导。态度是我们为人处世的基本原则。

为了让大家更真切地体会态度的重要性，下面我给大家讲一个非常令人感动的故事：

这个班级只是一个非常普通的高中班，比起由尖子生组成的六个实验班来说，这个班级的学生考上大学的机会不多。因此，除了几个学习好的同学很努力外，大多数人都等着混个文凭，然后找个工作。

这个班的班主任兼英语老师是个刚从师范学院毕业的学生，他非常敬业，每日催着学生们学习、学习、再学习，写作业、写作业、再写作业。但是说归说，由于抱着破罐子破摔的想法，学生的成绩仍然上不去，在全校各科考试中屡屡落败。

直到高二的一次英语联考，这个班的成绩破天荒地超过了几个实验班的学生，这让同学们接连兴奋了好几天。

当老师把试卷发到学生们手里的时候，学生们欣喜地看着自己从

没得过的高分，高兴之情溢于言表。老师说："请同学们自己计算一下分数。"数着数着，大家发现自己的得分竟比实际分数高出20分，同学们都纷纷喊了起来："老师给我们怎么多算了20分。"课堂上乱了起来。

老师摆了摆手，班上静了下来。他沉重地说："是的，我给每位同学都多加了20分，这是我为自己的脸面、也是为你们的脸面多加的20分。老师拼命地教你们，就是希望你们为老师争口气，让老师不要在别的老师面前始终低着头，也希望你们不在别的班的同学面前总是低着头。"

老师接着说："我来自山村，我的父母去世都很早，上中学时连红薯土豆都吃不起，大学放暑假，我每天到建筑工地拉砖，曾因饥饿而晕倒。但我就只凭着一股要强的精神上完师院，生活教我在任何时候都不能服输。而你们只不过被分在普通班，就丧失了信心，我很替你们难过。"

这时候教室里安静极了，同学们都低下了头。老师继续说："我希望我的学生们也做要强的人，任何时候都不服输，现在还只是高二，离高考还有一年多的时间，努力还来得及，愿你们不靠老师弄虚作假就挣回足够的分数，让老师把头抬起来，继续要强下去。"

"同学们，拜托了！"说完，老师低下头，竟然给学生们深深地鞠了一躬。当他抬起头来的时候，我们看到他的眼睛里流出了泪水。

班里的女生们都哭了起来，男生的眼里也含满了泪水。那一课，老师什么都没有教，学生们也什么都没有学。但是一年后的高考，这

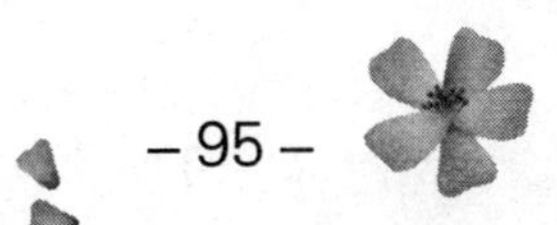

个普通班却夺得了全校高考成绩的第一名。

据校长讲，这个普通班打破了学校的历史。那个班的每一个学生都知道其中的原因是什么，因为每一个学生都记住了老师的眼泪，同时他们也知道了自己到底想要什么。

看完这个故事，我相信大家会在感动中明白一个道理：态度决定成就。如果做事情的时候多一点不服输的傲气，你会发现你真的赢了。

从某种意义来说，态度是一个人所具有的核心价值观，在现实社会和他人心目中映射的结果。如果一个人没有正确的核心价值观，他就无法展现出一些正确的态度和品质。

其实，我们完全可以说，无论是关于你自己，还是关于你周围的世界，你的价值观决定了你的信念。如果你的价值观是积极的，比如充满爱心，无比天真，那么你就会相信，你如此对待周围的人们是非常值得的。因此，你也就会一如既往地这样对待他们。

接下来，你的信念又决定着你的品性和你的理想。如果你的价值观是积极进取的，你就会相信自己为人良善。如果你相信自己为人良善，那么你会希望好的事情发生在自己身上，你也会因此而成为一个积极进取、乐观而且面向未来的人。你总是会去关注人们身上好的一面，关注事情好的一面。

每个人都是生活的一分子，我们的个人品性自然也会包括生活态度。生活态度取决于个人的理想。从某种意义上说，一个人的生活态度是其价值观、信念和理想的外在体现或反映。

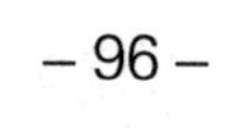

比如，如果根据你的价值观，这个世界很美好，而你同时相信自己的未来会所获甚丰，你就会相信所有发生在自己身上的事都是对自己未来的某种帮助。结果你会成为一个乐观主义者，你对别人就会抱着积极的态度，而别人也会对你投桃报李，愿意与你共事或为你工作，愿意同你做生意，从而使你获得巨大的成功。

◎ 保持一种阳光的心境

心态是很重要的，很多时候，我们内心的渴望决定了我们的行为和思想。前面我们已经知道，心态决定了我们能够取得什么样的成就。积极的心态会促进我们的身心健康，拥有一个长寿的人生。而消极的心态一定会逐渐破坏我们的身心健康，给我们带来疾病，带来困扰，甚至会让我们的生命受到威胁。

所以，我们鼓励大家要营造一种积极的心态，为自己，也为身边人。其实生活中有很多人都能适当地运用自己的积极心态，正因如此，他们挽救了亲人的生命。比如下面的这件小事：

那一天，老李到上地医院去做体检。当老李上到二楼经过妇产室的时候，突然听到一位医生对一位年轻人说：“你的孩子恐怕活不了了。”

年轻人听医生如此说，他并没有露出悲伤的情绪，而是反问道：“他还能活多少天？”

医生说：“尽管这个孩子才出生两天，但是给我们的感觉就是他无法活下去了，因为直到现在他还没有发出一点声音。”

“如此看来，这个孩子一定能够活下去。”年轻说道。

在这个年轻人看来，只要他具有积极的心态，就不能凭借孩子没有发出声音就决定他的死亡，他能够有信心让孩子活下去。于是他开

始祈祷，他希望上帝能够让他们的孩子活下去。

为了挽救孩子的生命，这位年轻人很快就开始行动起来。他开始委托一位小儿科医生照顾这个孩子，这个医生也是一个非常积极的人，而且作为一名医生，他凭借自己多年的从医经验，自然可以给每一种生理缺点都提供了一个补偿和指导。

经过大家的努力，几天过后，孩子终于发出了声音，奇迹般地活下来了。

写到这里，我突然想起了我看过的一个故事。

有一位大学生患了心机梗塞，结果一位同学对他说，得了这种病的人会很快地死去，当他听到这个消息时，他感觉到胸痛，呼吸急促，他仿佛感觉自己真的就要死了，他非常害怕。他想自己才20岁，生命才刚刚开始，真的不愿意就这样死去。于是，为了让自己可以多点生的希望，他只要有时间就给自己做按摩，试图促进他的血液循环。但是令人非常遗憾的是，他还是死了。

过了几天，同宿舍的一位同学也得了心机梗塞，但是，他却听到另一位同学说，这种病不会死人，只要得到很好的护理，就会治好。结果这位同学的病真的就好了。

也许这不是一个真实的故事，但是，从这个故事中我们可以看出，一个积极的心态能够产生巨大的力量，能够使你看到光明和希望。消极的心态能够把你带向深渊，让你走向绝境。

因此，我想对朋友们说：无论我们面对什么境况，我们都要用一颗积极的心态来对待自己，我们一定要了解自己内心渴求的东西是什

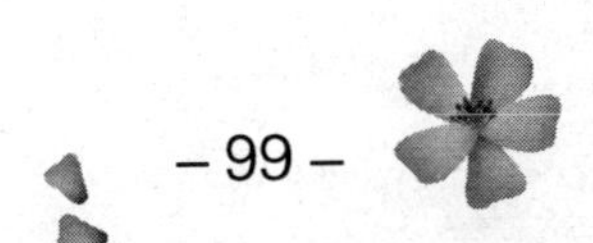

么，什么是我们深埋在我们心底的，无论如何也要实现的目标。只要我们有了生活的目标，潜藏在我们心底的力量就会把强大的激励因素加到我们的意识心理上，使我们在危急情况中能够生存下去。

在我们的生活中，常常会有这样一些人，他们抱怨自己的出身，甚至会以自己的出身来确定自己未来的生活前景；他们经常会因自己现状感到自卑，会因为自己的身份和地位而感到无比卑微；他们总是因暂时的生活窘迫而放弃了自己的梦想；他们觉得自己其貌不扬，容易被人歧视，于是低下了充满智慧的头。其实，他们都错了。换一个心态看人生，也许这些人的人生就会是另一番景象。

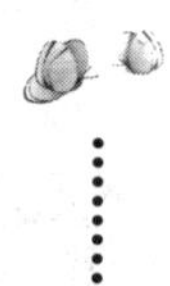

著名传记作家莫洛亚说："我研究过很多在事业上获得成功的人的传记资料，发现一个现象，就是不管他们的出身如何，他们都有一个共同点：永远不相信命运，永远不向命运低头。在对命运的控制上，他们的力量比命运控制他们的力量更强大，使得命运之神不得不向他们低头！"

我们不要做命运的奴隶，应该做命运的主人。我们要相信，要时刻告诉自己：没有人生来就注定了卑微和失败，保持一颗阳光心态，你会因此而变得伟大。

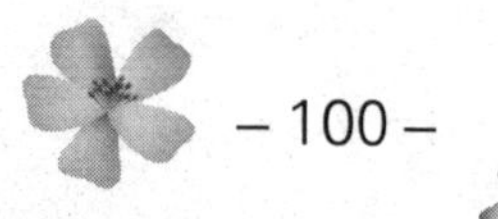

◎ 有志者事竟成

俗话说，有志者事竟成。如果一个人缺乏志向与抱负，对什么都无所谓，也不求上进和不愿付出任何代价，那么这样的人将没有任何成功的希望。

我们在电影里常常可以看到这样的画面：

当灾难降临时，主人公几乎都是无一例外地首先抓住胸前的十字架，然后不停地在胸前划“十”字，不停地祷告：“主啊，救救我吧！”

每到这个时候，我都幻想也许真的有救世主会从空而降把他救走，可是每次的结局都是一样的：主人公与十字挂像一同倒在血泊中，到死救世主都没有来。

相信上帝的存在是一种信仰，但太过相信就会陷进被动的泥淖，当灾难降临时不采取行动而一味等待上帝的救助，等待命运的摆布，其结果只能任事情发展走向绝路。

当一个人濒临绝境，呼喊上帝的时候，上帝没有听见，任凭他在死亡线上挣扎。如果他当时能够奋力挣脱魔爪或者采取相应的措施，也许可以摆脱险境，救自己一命。也就是说，在上帝和自己中间选一个拯救自己的关键时刻，祈求上帝不如相信自己。

如果在遭遇险境或不幸时，把命运交与上天处理，一切相信命里

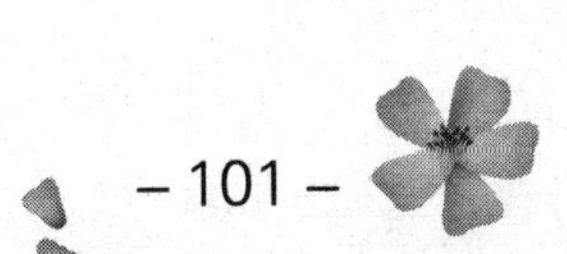

注定，不再采取任何解救的行动，那么结局往往只有一种：失败。相反，如果不相信命运，而相信自己本身的力量，也许结局便是另外一种模样。

然而我们身边的很多人，甚至包括我们自己，都把这一生的命运交给了上帝，任凭上帝的处置。

我想说，这世界上本没有上帝，相信的人多了，也就有了上帝。

其实，上帝只不过是人们给自己苦难心灵的一个慰藉，它空洞虚无，当大难来临时它毫无用处，所以，只有自己是自己的救世主，依靠任何自己本身之外的人和物都毫无意义可言。

有一个事业非常成功的经理，他把全部财产投资在一种小型制造业上，由于世界大战爆发，他无法取得他的工厂所需要的原料，因此只好宣告破产。后来，他成为一名流浪汉。人生的灾难使他丧失了生存的勇气，有好几次，他都想结束自己的生命。

后来，他看到了一本名为《自信心》的小书。这本书给他带来了一丝活下去的希望，他决定找到这本书的作者奥里森·马登。

当他找到马登，说完他的故事后，马登却对他说："我已经以极大的兴趣听完了你的故事，我希望我能对你有所帮助，但事实上，我却决无能力帮助你。"

他的脸立刻变得苍白。他低下头，喃喃地说道："这下子完蛋了。"

马登停了几秒钟，然后说道："虽然我没有办法帮助你，但我可以介绍你去见一个人，他可以协助你东山再起。"

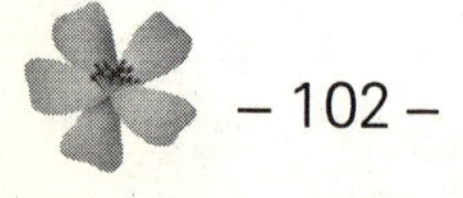

刚说完这几句话，流浪汉立刻跳了起来，抓住马登的手，说道：“看在上帝的份上，请带我去见这个人。”

于是马登把他带到一面高大的镜子面前，用手指着镜子说：“我介绍的就是这个人。在这个世界上，只有这个人能够使你东山再起。除非坐下来，彻底认识这个人，否则，你只能跳到密歇根湖里。因为在你对这个人做充分的认识之前，对于你自己或这个世界来说，你都将是个没有任何价值的废物。”

他朝着镜子向前走几步，看到镜中的自己是如此的憔悴，如此的狼狈，他用手摸摸长满胡须的脸孔，不敢相信这就是从前那个意气风发的自己，他禁不住低下头，开始哭泣起来。

几天后，马登在街上碰见了这个人，几乎认不出来了。他的步伐轻快有力，头抬得高高的。他从头到脚打扮一新，看来是很成功的样子。

“那一天我离开你的办公室时，还只是个流浪汉。是你让我在镜子中找到了失落的自己。现在我找到了一份年薪3000美元的工作。我的老板先预支一部分钱给家人。我现在又走上成功之路了。”

在生活中，有不少人面对激烈的竞争，面对生活中的种种挫折和困难，常显得措手不及，手足慌乱。他们觉得在社会这个大舞台之上，有太多的能者，而自己只是一个弱者，随时都有可能被这个社会淘汰。

但是，看看我们身边的人和事，我们就会发现，有很多成功的人并不是生来就有多么强大，他们大都是通过自己的刻苦和努力而改变了自己，从自己的身上找到了自己的特长，最终走向了成功。

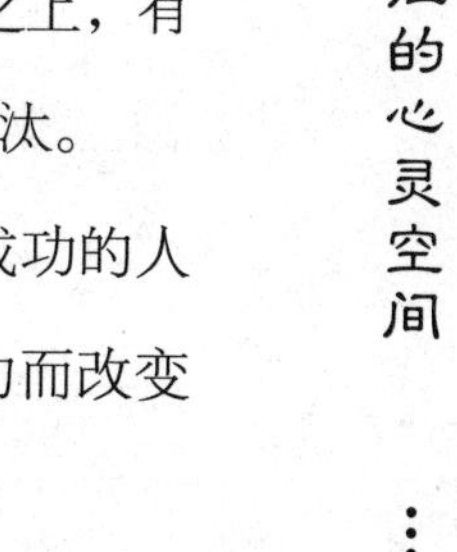

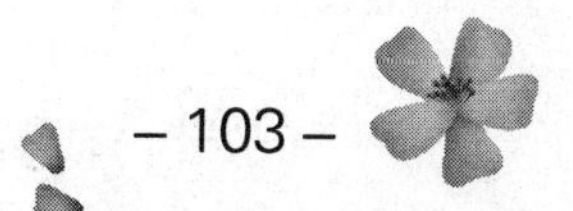

有一个人在大海上航行，突然遇上了强烈的风暴，船沉没了，全船人死伤无数。这个人侥幸地获得一个小小的救生艇而幸免遇难，他的救生艇在风浪中颠簸起伏，如同叶子一般被吹来吹去，他迷失了方向，救援的人也没有找到他。

天渐渐地黑下来，饥饿、寒冷和恐惧一起袭上心头。然而，他除了这个救生艇之外，一无所有，灾难使他丢掉了所有，甚至自己的眼镜，他的心灰暗到了极点，他无助地望着天边，此时，他是多么渴望上帝这个救世主能来到他身边，把他从黑暗中救出去啊，但是时间过了很久，周围依然毫无动静，正在他绝望的时候，忽然，他看到一片片阑珊的灯光，他高兴得几乎叫了出来。这个灯光使他想到了家里的灯光、妻子，还有可爱的孩子，想到了年迈的父母，想到他们曾经对他说过的一句话："你是你自己的救世主。"——这句年轻时激励他从困境中走出来的话。他想这次他也可以拯救自己。于是他奋力地划着小船，向那片灯光前进。

三天过去了，饥饿、干渴、疲惫更加严重地折磨着他，好多次他都觉得自己快要崩溃了，但一想到亲人，想到那句话，他又陡然添了许多力量。晚上，他终于划上了岸边。

此时，他已经四天四夜未吃未喝，一直在海上忍受饥饿，独自漂泊。当有人惊奇地问他，是谁帮助他脱离了困境时，他很骄傲地说："没有任何人，是我自己。"

是的，这世界上如果真的有救世主，那么，他就是你自己！只有你自己！

第三章
一颗平静的心

不论我们现在的境遇如何，不论我们身在何处，不论我们自己生命中曾经发生过什么，我们都可以改变我们的内心世界，我们都可以开始有意识地选择我们自己的行为方式来改变我们的生命。在我们的生活中，根本没有所谓的“绝境”；我们生命中的每种境况，都是能够改变的，都是由我们的内心世界所操纵的。

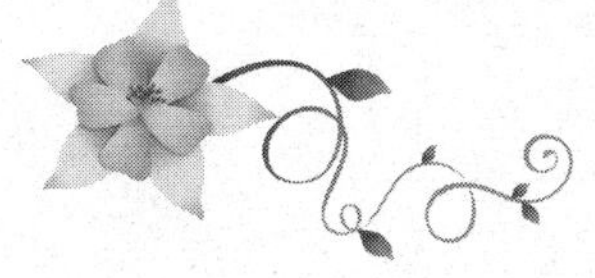

◎ 静下心来，锁住浮躁

我们的心灵需要我们自己主宰，最好的方法就是让心静下来。而且，大凡取得成功的人，他们每天都把静心当作自己的必修课。正因为他们有了这样的行为方式，所以他们明白，静心的力量是非常强大的。

静心能够平息你的心，能够帮助你控制思想，并且让身体恢复活力。最令人难以置信的是，你无需特意找一些时间来静心，刚开始只要每天坚持三到十分钟，你就会在控制思想上产生不可思议的效果。

也许世界的变化太快，不知不觉中人与人之间变得陌生，变得多疑。让自己的心平静下来，不要让浮躁操纵了我们的内心世界，我们或许就能对别人有几分理解，人与人之间的距离也会在不知不觉中消失。记得看过这样一则消息：

在一则招聘会上，一个招聘单位收到的84份大学毕业生自荐表中，发现有5人同时为同一学校的学生会主席，6人同时为同校同班的“品学兼优”的班长。但是走进大学校园里调查一下，发现有人把别人的英语等级考试证书、计算机等级考试证书、奖学金证书、优秀学生干部奖状以及发表过的文章，改头换面复印，就变成了自己的“辉煌经历”……更有甚者，有的女大学毕业为了吸引用人单位的注意，以期能够被录用，竟然将自己的简历搞成了豪华本的艺术图片集。

当用人单位面对这些五花八门的面试简历，慨叹“现在的大学生

真的很浮躁”时，反过来想一想，用人单位难道就不浮躁吗？要人就要塔尖上的人才，要求一到单位就能文能武，十八般武艺样样精通，最好能够马上创造出效益。对于求职者来说，提那么高、那么偏的要求，那不是逼着他们为自己涂脂抹粉、造假注水吗？否则他们何时才能找到一份可以养活自己的工作呢？

说到这里，我又想到了高考。应该说，高考语文的作文比较能折射当今社会的普遍心态。记得某一年的高考命题作文是《假如记忆可以移植》，这是当今社会很多年轻人的梦想，要是不用费劲就能一下子变聪明就好了，头脑发热中，大家都忘记了从量变到质变的道理，宁愿相信立竿见影。他们甚至渴望科学家们能发明“知识注射液”，在数秒钟内使自己成为天才，这与人们的焦灼与浮躁有很密切的关系。

我们还可以从社会生活的各个侧面来看一下，浮躁的心态无时不在，无处不在，有精心制造“皇帝的新衣”的浮躁，有“移花接木”、“经济实惠”的浮躁，更有“信手拈来、一挥而就”的浮躁。

这种浮躁具体到每个人身上时，不外乎是这样的表现：做事情三心二意、朝三暮四、浅尝辄止；或是东一榔头西一棒槌，既要鱼，也要熊掌；或是这山望着那山高，静不下心来，经不住诱惑，耐不得寂寞，稍不如意就轻易放弃，从来不肯为一件事倾尽全力。但究其实质，体现的就是急于求成、渴望结果的一种心态。

现代社会是一个充满诱惑的时代，物欲横流、香车美女、豪宅别墅，抵制诱惑需要非一般的定力。然而，在这个流光异彩的大千世界里，人们似乎都难以抑制那颗骚动的心，各种诱惑都在簇拥着你义

无反顾地冲向前面。这种种的诱惑中有虚无缥缈的名，有金光闪闪的利。这令人眼花缭乱的名利，是让人浮躁的根源。

我们是凡人，不可能对诱惑完全无动于衷。但是，当我们面对纷繁复杂的诱惑，需要我们作出选择的时候，我们是沦为名利的奴仆，还是面对真实的自我？如果我们头脑发热地被名利牵引，那我们就禁不住浮躁，会被浮躁锁住。

心理学家认为，焦灼与浮躁，通常是动机水平和焦虑程度过高的表现。图安逸，避劳神，敷衍塞责，惰性膨胀，怀着浮躁的心态走得远了，很容易导致理性的迷失，渐变为一种病态的人格。俗话说：欲速则不达。

所以，心理学家提醒人们，成就某事的动机水平和焦虑程度以适度为宜。任何事情都有其规律和顺序。人生宏大的目标应当以累积诸多小目标为基础。当我们被烦恼困扰时，重要而关键的是排遣出心中的郁闷，让浮躁的沙砾沉淀下来。

在现代社会中，给自己浮躁的心一点清凉，并不是要锁住我们奋发向上的雄心，而是要锁住我们永不知足的贪欲；锁住浮躁，不是要锁住我们勇往直前的进取，而是要锁住我们投机取巧的钻营；锁住浮躁，不是要锁住我们挥汗如雨的努力，而是要锁住我们锁屑无聊的攀比。

在我们的整个生命旅程中，如果我们不能控制浮躁，人与人之间的距离就会慢慢地变大。只有我们让我们的心始终在平和中度过，我们的生命才会变得更加丰富多彩。没有人希望自己的一生是在平淡无奇、庸庸碌碌中度过，那样似乎总觉得枉来人间走一趟。

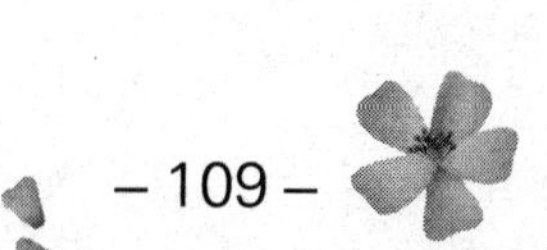

当然，要想锁住浮躁，就需要我们有一种做大事的决心和旷日持久的恒心，这是一种内心的修炼，更是一种定力，需要我们长久地坚持。人的一生看似漫长，其实非常短暂，我们只有在短短的人生之旅中锁住了浮躁，才能战胜人生路上的一大劲敌。从而在这个基础上，我们将一路披荆斩棘，慢慢成长，不断为人生赢得更大的辉煌和成功。

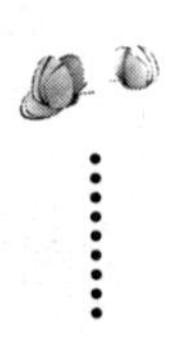

◎ 扫净心中的杂念

人都是有杂念和欲望的，很多时候，利欲与浮躁是人心灵的珠丝网，让很多人因图一己之欲而贪赃枉法，见利忘义，慷国家之慨，饱自己私囊。有多少人利用不义之财，挥霍无度，放浪形骸，昏昏然，飘飘然，而最终落得身败名裂，锒铛入狱，成为人们不齿的罪人。他们被熏心的利欲吞食，给自己及家人造成无法解脱的压力。因此，我们应该绕开物欲与浮躁，带着一颗清清静静的心走人生。

心性浮躁不是谁的错，但是我们至少应该明白，天堂里万般皆乐，地狱里万般皆苦，惟有在居于二者之间的地球上我们才能苦乐皆具。我们生活在两个极端领域之间的地方，这里祸福无常，人不可能永远幸福，亦不可能终身受苦，只要我们学会闭上眼睛，学会等待，生活就会为我们呈现另一番景象。

诗人之所以为诗人，是因为他们的眼睛和心灵不同于其他人。下面是台湾的一个著名诗人讲的自己的亲身经历：

我是在火车上遇见他的，他是位英俊少年，我是穿白毛衣的孤身少女。他的面前堆着很多金灿灿的橘子。我很渴，可我买不到水果和饮料。我把脸扭向窗外。

“这橘子还真不错。”我听见他对我自言自语。我知道他是希望

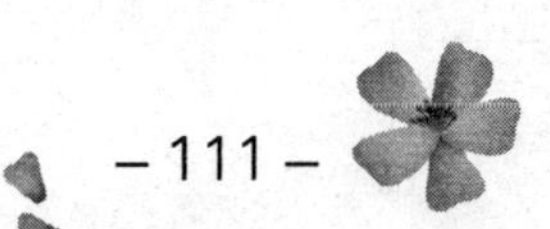

我能接上话，然后顺理成章地给我橘子。可万一他是人贩子、万一是道貌岸然的流氓、万一他居心不良在拿我开涮……我闭上眼睛。

他该下车了。橘子仍耀眼地堆在那儿。

“你的桔子！”我喊。

“帮我把它们‘枪毙’了吧。”他笑道，“我的行李够重了。”

又过了两站，我下了车。正匆匆地在站台上走着，忽然听到有人问：“橘子好吃吗？”

我回头一看，少年正坐在另一节车厢的窗旁，没有下车。

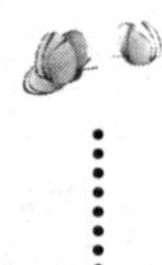

这就是说，生活永远不会因为你的原因而改变自己原有的运行规律。有时候等待是一种生命的过程，是一种必经的考验，一味地急于求成，往往只会事与愿违。在生活面前我们能做的就是心平气和地去享受生活给予我们的一切。该来的终究会来。

从前有个年轻的农夫，他要与情人约会。小伙子性急，来得太早，又不会等待。他无心欣赏那明媚的阳光、迷人的春天和娇艳的花朵，却急躁不安，一头倒在大树下长吁短叹。

忽然他面前出现了一个侏儒。

“我知道你为什么闷闷不乐，”侏儒说，“拿着这纽扣，把它缝在衣服上。你要遇着不得不等待的时候，只要将这纽扣向右一转，你就能跳过时间，要多远有多远。”

这倒合小伙子的胃口。他握着纽扣，试着一转：啊，情人已经出现在眼前，还朝着他暗送秋波呢！真棒啊，他心里想，要是现在就举行婚礼，那就更棒了。他又转了一下：隆重的婚礼，丰盛的酒席，他

和情人并肩而坐，周围管乐齐鸣，悠扬醉人。他抬起头，盯着妻子的眸子，又想，现在要是只有我俩该多好！他悄悄转了一下纽扣：立时夜阑人静……他心中的愿望层出不穷：我要座房子。他转动着纽扣：夏天和房子一下子飞到他眼前，房子宽敞明亮，迎接主人。我们还缺几个孩子，他又迫不及待，使劲转一下扭扣：日月如梭，顿时已儿女成群。

至此，他再没有要为之而转动纽扣的事了。回首往日，他不胜追悔自己的性急失算：不愿等待，一味追求满足眼下。因为生命已风烛残年，他才醒悟：即使等待，在生活中亦有其意义，惟有如此，愿望的满足才更令人高兴。

此时，他多么希望时间可以倒流啊！他从梦中醒来，睁开眼，自己还在那生机勃勃的树下等着可爱的情人，然而现在他已学会了等待。一切焦躁不安已烟消云散。他平心静气地看着蔚蓝的天空，听着悦耳的鸟语，逗着草丛里的甲虫。此时，对他来说，等待是一种莫大的快乐。

人活一世，每个人都希望可以活得精彩灿烂，人们不能甘于等待，也不甘于平淡，然而往往越是有太多想法和欲望，才让人们止住了前进的脚步。太多的诱惑，比如金钱、妻女成群、豪华的享受，等等，这些杂念牢牢地束缚住了人们，在没有感受到快乐的时候，烦恼和痛苦就已经随之而来。因此，一个人只有先扫清自己心理的杂念，才有可能获得真正的自由。

曾经听说过这样一个故事：

有两个人得到了仙人的真传，可以将喜马拉雅山上纯净的雪水和上好的材料浸泡成一壶酒，封在酒坛子里七七四十九天，等到第五十天清晨的三遍鸡鸣后打开，便可得佳酿。

为了得此佳酿，这两个人寸步不离地守在酒壶旁，度过了四十九个日日夜夜。终于熬到了第五十天清晨，第一遍鸡鸣、第二遍鸡鸣，接着便是等待第三遍鸡鸣，虽然只是一会儿工夫，但是却像几十年那么长。

第一个人实在忍不住了，迫不及待地撕掉壶嘴上的封条往里面一看，立即惊呆了。原来，他得到了并不是什么仙露琼浆，而是一汪青色的酸水。

这时，第三遍鸡啼过了，第二个人打开了瓶子，终于得到了千古难求的佳酿。

我想，第一个人肯定很难过，50天的漫长都已经熬过了，但是就因为太心急，急于一时，最后全都化为乌有了。如果再给他一次机会，真希望他能坚持到第三遍鸡鸣之后。

“谁笑到最后，谁就是真正的胜利者。”其实，等待也是坚持不懈的一种表现。很多时候成功的秘诀很简单，它并不在于个人的天资是否聪慧、是否有谋略、是否有勇气，而在于能不能坚持到最后一秒。所谓“坚持就是胜利”，有的时候仅仅是几秒钟，就可能与成功擦肩而过，比如那第一个心急的人。

生活是有规律的，需要等待的时候，你最好心无杂念，耐心地等下去。

◎ 驾驭自己的情绪

我们的生活看似千头万绪，变幻无常，实则并非受制于各种不确定的偶然性，它是受必然的规律制约的，它总是处于一种相对稳定的状态。这种稳定的状态，说白了，就是我们如何去正确驾驭自己的心境。也就是说，只要我们遵从这个定律，我们就可以很容易地获得想要的结果。下面是一个非常具有代表性的案例，能让我们对此规律深信不疑。

米基·坎特是纽约的一个公共汽车司机。

虽然很多人都会因为纽约快节奏的生活感到不适应甚至压抑，但是他总能面露微笑地向每一个乘客打招呼，真正做到开心生活，快乐工作。

公共汽车在市内交通繁忙的街道上慢慢前行，他会不断声情并茂地介绍：那家商店正在举行惊人大减价……这所博物馆有精彩的展览……下个街区那家戏院刚上映的电影你们听说过没有？乘客下车时，人人都不再绷着脸孔。米基·坎特大声说：“再见，祝你今天过得开心！大家都报以微笑。”

米基·坎特为什么能够将自己的心境控制得这么好呢？从心理学角度来说，因为他的情商高，能够很好地调节自己的情绪。

有一位心理学家为了让大家能够正确地驾驭自己的心境，并能有

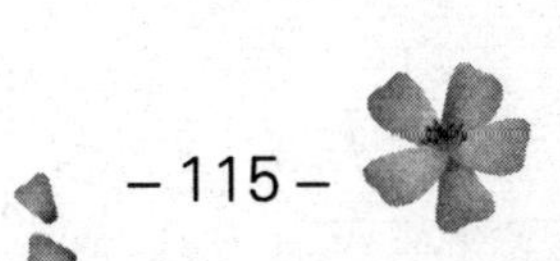

效控制自己的情绪，为我们列举了以下一些方法：

1. 自我激发开朗的思想

有建设性的自我激发，鼓起热诚、干劲和信心是争取成就所必须的。一位心理学家对奥运选手、世界音乐家和国际象棋大师做过研究，发现这些杰出人物有个共同特征：能激发自己苦练不辍。

要激发自己去争取成就，首先要有明确的目标，以及“天下无难事”的乐观态度。心理学家马田·实力曼建议都市人寿保险公司雇佣一批在普通才能测试中不及格、但是非常乐观的求职者，然后拿他们和那些在才能测验中及格、但是非常悲观的保险推销员互相比较。结果他发现，乐观组在第一年的业绩比悲观组高21%，第二年更多出57%。

悲观的人遭人拒绝时，可能自怨自艾：“我是个失败者，会一辈子都做不成一宗买卖。”乐观的人则会这样自我开解：“也许我用错了方法。”或者说：“碰巧那顾客心情不好。”乐观的人把失败归咎于客观环境而不是他们自己，从而激励自己继续努力。

你为人是乐观还是悲观，也许是天生的，但只要肯努力练习，悲观的人就能学会思想比较开朗。心理学家的研究证明，如果你一发现自己有消极、自暴自弃的思想就把它控制住，你便能把情况重新评断，觉得还不至于太糟。

2. 培养自我觉察的能力

即使某种感觉一产生你就能觉察到。这种能力是情感智能的主要成分。对自己的情绪了解得比较清楚的人，比较善于驾驭自己的人生。

要培养自我觉察的能力，首先需要认识自己的直觉——神经学家安东尼奥·达梅斯奥在他的著作《笛卡尔的谬误》中所谓的“身体标记”。直觉会在不知不觉中产生，例如给怕蛇的人看蛇的照片时，即使他们说不觉得怕，放在他们皮肤上的传感器却会探测到汗，而出汗是焦急的表现。就算只是把照片在他们眼前一晃，他们根本不知道自己看见的是什么，一样会出汗。

只要努力练习，我们就能对自己的直觉有更敏锐的觉察力。例如，有个人遇到了不如意的事，懊恼了几个小时。他也许不知道自己急躁不安，直到有人提醒，才哑然发觉。要是他能觉察自己的反应，就能尽早控制自己的情绪。

3. 为了达到目标而抑制冲动

能否自我调节情绪的一个要素，是要能够为了达到目标而抑制冲动。心理学家瓦尔特·米斯切尔1960年开始在斯坦福大学一所幼儿园内做实验，证明了这种能力对成功的重要性。

在实验中，研究人员告诉小朋友，他们可以立即拿走一粒果汁软糖，但如果他们能等到研究人员做完一些事情，就可以拿两粒。有些小朋友立即就拿了，其余的却在那里等了对他们来说漫长的20分钟。为了帮助自己抑制冲动，有些孩子闭上眼睛不看眼前的诱惑，有些则把头枕在手臂上，或者自言自语、唱歌，甚至睡觉。这些坚强的孩子都得到了两粒果汁软糖。

这项实验更令人感兴趣的部分是后来的后续调查。那些4岁的就能为了要多拿一粒糖而等待20分钟的孩子，到了少年时，照样能够为

了达到目标而暂时压抑心中的喜好。他们待人处事比较成熟，比较果断，也比较善于克服人生中的挫折。相反地，那些着急拿一粒糖的孩子到了青少年阶段，大多数比较固执、优柔寡断和容易精神紧张。

抑制冲动的能力是可以锻炼出来的。当你面对诱惑，要提醒自己不要忘记了你的长远目标，例如减肥或考取医学学位。这样你就比较容易自制，不会去拿那一粒果汁软糖了。

4. 正确地驾驭心情

情绪上自我觉察的能力是培养情感智能的另一项要素，那就是，赶走坏心情。跟好心情一样，坏心情也能为生活增添趣味，形成一个人的性格。

我们情绪激动时，往往不能自控，但是我们能决定让这种情绪左右多久。美国心理学家黛安·泰丝访问过400多名男女，问他们用什么方法摆脱不好的心情。她这项研究结果给我们提供了宝贵的资料，教人如何驱走坏心情。

大家都想避免的各种心情之中，愤怒似乎最难应付。公路上有辆汽车突然插到你车子前方，你的即时反应可能是心里暗骂："这混蛋！差点就撞到我！我可不会让你就这样跑掉！"你越这样想就越生气，可能会失去理智，鲁莽驾驶。

怎样才能使自己不愤怒呢？有一个怪论说，发泄能令你觉得舒服些。然而，研究人员发现这是最糟的做法。勃然大怒会刺激脑部活动活跃起来，令你怒气更增，而不会平息。

有一个比较有效的方法，那就是"重新评断"，即自觉地用比较

积极的角度去重新看一件事。就以那个突然插到你前面的司机为例，你可以告诉自己："他也许有急事。"这是极有效的止怒方法。

另一个有效办法是独自走开，去让自己冷静下来。如果你气得已无法清醒地思考，冷静一下尤其有用。大部分男人出去开车兜风之后，就能恢复心平气和——这个事实也使他领悟到驾车时须更加提防别的司机。

还有一种比较安全的方法——运动，例如，去散步一段时间。无论你用哪一种方法，切记不要再去想那些令你生气的事。你的目标应是把心思转到别的事情上去。

泰丝说："祈祷也能疏解不好的心情。"当然，据我的切身体验，深呼吸和冥想也是对付坏心情的有效武器。

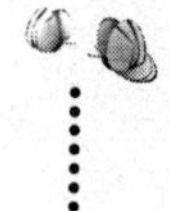

◎ 不要成为怨恨的奴隶

心理学家为我们指出，一个灰暗心境的人，当他面遇失败，并为此寻找各种借口和原因时，往往会埋怨社会、制度、人生、个人运气不好。这样的人，对于别人的成功与幸福，总是愤愤不平，因为在他看来，别人的幸福和快乐就证明生活让他受到了不公正的待遇，所以，从这个方面来说，我们或许可以这样认为，那就是，这种人其实是在用所谓不公正、不平等的现象来为自己的失败辩护，使自己感到好过一些。

可是我们都是活在现实中的人，我们的想法和做法也都要实际一点。作为对失败者的安慰，怨恨是非常不可取的办法，比生病还糟。怨恨是精神的烈性毒药，它使快乐不能产生，并且使成功的力量逐渐消耗殆尽，最后形成恶性循环，自己并没有多大本领而又非常怨恨别人的人，几乎不可能和同事相处很好。对于由此而来的同事对他的不够尊重或者领导对他工作不当的指责，都会使他加倍地感到愤愤不平。

当然，怨恨也有好处，那就是它可以让人们觉得自己很重要。很多人以“别人对不起我”的感觉来达到异常的满足。从道德层面上来说，那些受害者和那些受到不公正待遇的人，似乎比那些造成不公正的人要高明。

当我们对敌人心怀怨恨时，其实就是付出比对方更大的力量来压

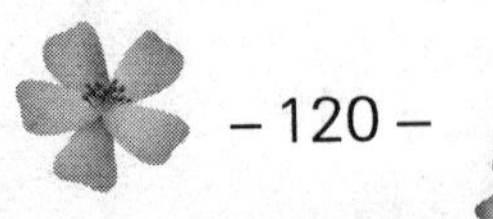

倒我们自己，给敌人以机会，控制我们的睡眠、胃口、血压、健康，甚至破坏我们的心情。如果我们的敌人知道他带给我们如此多的烦恼，他一定非常高兴！怨恨伤不了对方一根汗毛，却把自己弄得遍体鳞伤。

纽约警察局的布告栏上曾写过这样一句话——“如果有个自私的人占了你的便宜，把他从你的朋友名单上除名，但千万不要去报复。一旦你心存报复，对自己的伤害绝对比对别人的要大得多。”

报复怎么会伤害自己呢？

其实，报复不仅可以伤害自己，而且还有很多种方式。

据《生活》杂志记载，报复可能毁了你的健康。《生活》杂志说：“高血压患者最主要的个性特征是仇恨，长期的愤恨造成慢性高血压，引起心脏疾病。”

基督教徒都知道，耶稣曾说过：“爱你的敌人。”其实，这句话不仅对基督教徒有意义，而且对所有人都有益。当耶稣说：“原谅他们77次”，他是在告诉我们如何避免罹患高血压、心脏病、胃溃疡以及过敏性疾病。医生如果知道心脏衰弱，任何一点愤怒都会要人的命。真的会要人命吗？几年前华盛顿一位餐厅老板就因一次愤怒而亡。

一份警方报告显示：威廉·法卡伯曾是咖啡店的老板，因厨子坚持用碟子饮用咖啡，竟一怒而亡，因为他急怒之下抓起左轮枪追杀厨子，既而导致心脏衰竭，倒地不起。验尸报告宣告心脏衰竭的起因是愤怒。

当耶稣说“爱你的敌人”时，他也是在告诉我们如何改进自己的

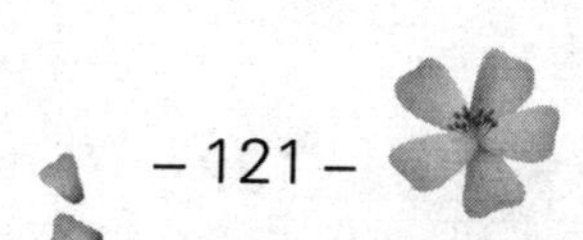

容貌。相信你一定看过，一些人因怨恨愤懑而布满皱纹或变形的脸。到了这种程度，再好的整形外科也挽救不了他，更不要说可以跟宽恕、温柔、爱意所形成的容颜相媲美了。

怨恨使我们对美食也食不知味。有一句俗语：充满爱意的粗茶淡饭胜过仇恨的山珍海味。说的就是这个道理。

敌人应该跟我们恨他一样在恨我们。如果我们不对自己好一点，那就等于在帮助敌人对付我们自己。即使我们没办法爱我们的敌人，起码也应该多爱自己一点。我们不应该让敌人控制我们的心情、健康以及容貌。莎士比亚说过：“仇恨的怒火，将烧伤你自己。”如果因为愤怒让我们将自己灼伤，而让敌人快乐，那我们岂不是很傻？

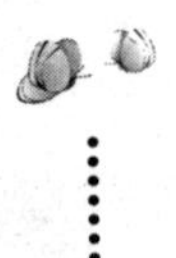

我听别人讲过这样一个故事：

从前有一个人身无分文，急需找到一份工作。因为他能说好几种语言，所以想找个进出口公司担任文书工作。但是他找工作的过程并不顺利，很多人都说目前不需要这种服务，等等。但是其中有一封回信与众不同，信上说：“你对我公司的想象完全是错误的。你实在很愚蠢。我一点都不需要文书。即使我真的需要，我也不会雇佣你，你连文字都写不好，而且你的信错误百出。”

当他收到这封信的时候，气愤不已，暴跳如雷。居然有人说他写不好字，错误百出，他的回信才是错误百出呢。于是这个人写了一封足够气死对方的信。可是他停下来想了一下，对自己说：“等等，我怎么知道他不对呢？我学过写字，但难免出错，也许自己都不知道。如果真是这样的话，我应该再加强学习才能找到工作。这个人可能还

帮了我一个忙，虽然他本意并非如此。他表达得虽然糟糕，倒不能抵消我欠他的人情。我决定写一封信感谢他。”

于是，他把宣泄的内容变成了感谢的内容，又重新写了一封工工整整的信。他在信上这样说：“你根本不需要文书，还不厌其烦地回信给我，真是太好了。我对贵公司判断错误，实在很抱歉。我写那封信是因为我查询时，别人告诉我，你是这一行的领袖。我不知道我的信犯了文法上的错误，我很抱歉并觉得惭愧。我会再努力学好文法，减少错误。我要谢谢你帮助我成长。”

几天后，他又收到回信，对方请他去办公室见面。他如约前往，并得到了工作。他给自己找到了一个方法：以柔和驱退愤怒。

我们都是普通人，我们中很少有人可以像圣人一样去爱我们的敌人，但为了我们自己的健康与快乐，我们最好能原谅他们，并忘记他们，这样才是明智之举。所以，我们不妨记住这段话：爱你的敌人，祝福那些诅咒你的人，善待仇恨你的人，并为迫害你的人祈祷。

怨恨的结果是塑造劣等的自我意象。也就是说，怨恨不是解决问题的好方法，因为它很快就会转变成一种习惯情绪的。一个习惯于觉得自己是不公平的受害者时，就会定位于受害者的角色上，并可能随时寻找外在的借口，即使在最不确定的情况下，听到最无心的话，他也能很轻易地看到不公平的证据，以此怨恨不已。

怨恨会成为一种习惯，让人学会顾影自怜，而自怜又是最坏的情绪习惯。这个习惯已根深蒂固，如果离开了这个习惯，就会觉得不对劲、不自然，而必须开始去寻找新的不公正的证据。有人说，这类喜

欢自恋的怨恨者，只有在苦恼中才会感到适应，他们会把自己想象成一个不快乐的可怜虫或者牺牲者，陷于怨恨的漩涡中不能自拔。

一个有怨恨之心的人，他就不可能把自己想象成自立、自强的人，他就不可能成为自己灵魂的船长、命运的主人。怨恨的人把自己的命运交给别人，把自己的感受和行动交给别人支配，他像乞丐一样依赖别人。若是有人给他快乐，他也会觉得怨恨，因为对方不是照他希望的方式给的；若是有人永远感激他，而且这种感激是出于欣赏他或承认他的价值，他还会觉得怨恨，因为别人欠他的，这些感激的债并没有完全偿还；若是生活不如意，他更会觉得怨恨，因为他觉得生活欠他的太多。

我们都想成为一个快乐的人，不愿意成为怨恨的奴隶和仆人，更不愿意成为敌人的帮凶，以及扼杀自我的刽子手。所以，我们必须要摆脱怨恨之心，以大度和宽容的胸怀接纳身边的人和事，给自己营造一个平和的、与世无争的心境，让自己可以活得淡然洒脱、幸福快乐。

◎ 不经历风雨，怎能见彩虹

每个人都想成功，但并不是每个人都可以如愿以偿。成功只属于生活的强者，要做生活的强者，获得事业上的成功，必须战胜人生道路上的艰难险阻，克服各种各样的挫折与坎坷，泥泞的路才能留下脚印，留下辉煌的印记。

在人生的道路上，不经历风雨、没有起伏的人终究不会有任何收获，因为真正的成功是不会一路平坦的。

当我们经历了人生的风雨坎坷，老了的时候，回想往事，你会发现自己所经历的种种挫折使我们的一生变得如此有意义。正是我们所经历过的种种挫折，给我们留下了如此宝贵的财富，使我们的人生充满意义，值得回忆。

鉴真和尚刚刚剃度遁入空门时，寺里的住持让他作一名行脚僧——这是谁都不愿意干的位置。

有一天，日上三竿了，鉴真依旧大睡不起。住持很奇怪，推开鉴真的房门，见床边堆了一大堆破破烂烂的芒鞋。住持叫醒鉴真问："你今天不外出化缘，堆这么一堆破芒鞋做什么？"

鉴真打了个哈欠说："别人一年一双芒鞋都穿不破，我刚剃度一年多，就穿烂了这么多的鞋子，我是不是该为庙里节省些鞋子？"

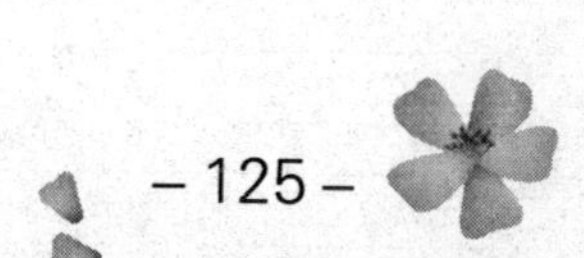

住持一听就明白了，微微一笑地说：“昨天夜里下了一场雨，你随我到寺前的路上走走看看吧。”

寺前是一座黄土坡，由于刚下过雨，路面泥泞不堪。

住持拍着鉴真的肩膀说：“你是愿意做一天和尚撞一天钟，还是想作一个能光大佛法的名僧。”

住持捻须一笑：“你昨天是否在这条路上走过？”鉴真说：“当然。”

住持问：“你能找到自己的脚印吗？”

鉴真十分不解地说：“昨天这路又干又硬，小僧哪能找到自己的脚印？”

住持又笑笑说：“今天我俩在这路上走一遭，你能找到你的脚印吗？”

鉴真说：“当然能了。”

住持听了，微笑着拍拍鉴真的肩，说：“泥泞的路才能留下脚印，世上芸芸众生莫不如此。那些一生碌碌无为的人，不经风，不沐雨，没有起，也没有伏，就像一双脚踩在又坦又硬的大路上，脚步抬起，什么也没有留下。而那些经风沐雨的人，他们在苦难中跋涉不停，就像一双脚行走在泥泞里，他们走远了，但脚印却印证着他们行走的价值。”

是的，正如住持所说的，人的一生决不可能是一帆风顺的，有人会有成功的喜悦，也有人会有扰人的烦恼、波澜不惊的坦途、布满荆棘的坎坷与险阻。在挫折和磨难面前，畏缩不前的是懦夫，奋而前行

的是勇者，攻而克之的是英雄。惟有与挫折作不懈抗争的人，才有希望接过成功女神高擎着的橄榄枝。

对于渴望成功的人来说，挫折是一片惊涛骇浪的大海，你既可以在那里锻炼胆识、磨炼意志、获取宝藏，也有可能因胆怯而后退，甚至被吞没。但是，要想成功，你就要做一个敢于直面挫折坎坷的人。正如鲁迅所说："伟大的心胸应该表现出这样的气概：用笑脸来迎接悲惨的厄运，用百倍的勇气直面一切不幸。"

泥土将种子深埋，但是种子只有在泥土之中才能生长，虽然泥土既是它发芽的障碍，但是更是它生长的基础和源泉。瀑布迈着勇敢的步伐，在悬崖峭壁前毫不退缩，因与山崖的交结碰撞，造就了自己生命的壮观。

所以我们说，挫折是成功的前奏曲，挫折是成功的磨刀石。因挫折而一蹶不振的人，是生活的弱者；视挫折为人生财富的人，才会勇攀成功的高峰。

罗伯特·麦瑞尔，这位已经演出了近5000场，曾经为9位美国总统演唱过的美国著名男中音，他那震人魂魄、使人陶醉的美妙歌声，直到今天仍令千万人痴迷。但是很少有人知道，这位赫赫有名，但是在纽约布鲁克林贫民窟长大的小男孩曾经有着严重口吃。天知道他的成功是经过多少次战胜自己而换来的。

他在学校读书的时候，他连回答老师的问题都害怕，他回忆说："那时，我最害怕在全班同学面前被提问，只要我知道哪天我该被提问，我哪天就想逃学。万一我被提问了，我就面对着全班同学站着回

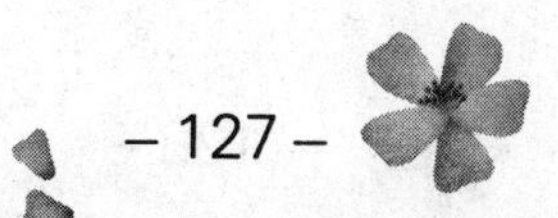

答问题。同学们都嘲笑我。”

当他战胜自己，最终凭借自己的努力站在万人大会场，为歌迷演唱的时候，当他赢得了如雷鸣般的掌声的时候，人们或许只看到了他成功的光鲜亮丽的一面，但是其中的艰辛，无数次的失败，只有他自己知道。

小宋是知青子女，母亲体弱多病，一家四口的生活重担由他父亲一人承担。为了支持他和妹妹上学，父亲曾瞒着家人去卖血。可祸不单行，有一天他父亲因过度疲劳突然卧床不起，没几天就去世了。

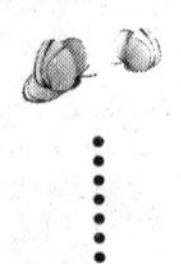

家里失去了父亲这个顶梁柱，这对小宋来说，无疑是晴天霹雳。作为长子，生活的重担无可推卸地落在了他的肩上。面对突然而至的灾难，小宋也曾彷徨过、悲伤过，但他并没有被击垮，在政府和身边亲朋好友的共同帮助下，他克服了重重困难，并以优异的成绩考上了大学，最终顺利地完成了学业。

很多时候，看问题需要从不同的角度看。当我们失败时，如果我们可以换一个角度去思考，也许就会走出所谓的失败，走向成功。所以说，问题的关键不是失败，而是我们看待失败是怀着一种怎样的心态。

古时候，有一位国王，梦见山崩了、水枯了、花也谢了，便叫王后给他解梦。王后说：“大事不好。山崩了指江山要崩；水枯了指民众离心，君是舟，民是水，水枯了，舟也不能行了；花谢了指好景不长了。”国王听后惊出一身冷汗，从此患病，且愈来愈重。

一位大臣要参见国王，国王在病榻上说出他的心事，哪知大臣一

听，大臣说：“太好了，山崩了指从此天下太平；水枯指真龙现身，国王，你就是真龙天子；花谢了，花谢见果呀！”国王听后，顿感全身轻松，很快大病痊愈。

失败就像一条飞流直下的瀑布，看上去仿佛湍湍急泻、不可阻挡，但是它却挡不住人们的智慧和勇气。人可以让其改变方向，朝着人们期待的目标潺潺而流。当我们面对失败时，我们一定要静下心来，坦然面对。那么，在我们从另一个出口走出去时，就有可能看到另一番天地。

◎ 怀有一颗宽容的心

人活着，最难得的就是有一颗宽容之心。宽容自己，也宽容他人。生活就是五味杂陈，不可能让我们事事都如意。所以，当我们面对不如意的时候，需要我们用宽容的心境去对待。

宽容是一种大度、一种涵养。心胸狭窄的人不可能具备宽容之心，他们甚至会对自己小肚鸡肠，斤斤计较，所以也就不能指望他们会去宽容别人了。另外，见利忘义的人也不可能宽容别人，只求索取而喋喋不休。真正的宽容，是一种积极的生活态度和高品位的道德观念，只有具有一定修养和气度的人才能拥有一颗宽容之心。

因此，不是所有的人都会宽容。宽容的人，总是以友善的目光去看待人们，看待动物和花卉；宽容的人，总是在琐碎的生活中感到充实和丰盈；宽容的人，总能把平淡的日子点缀得丰富多彩，充满情趣；宽容的人，总是对生命心存感恩和怀念；宽容的人，也有说不出的痛，诉不完的苦，只是他善于把痛苦锤炼成诗行；宽容的人，也有很多不顺利的时候，只是他懂得暂时休整或者避开弯路。

古人云："夫宽以容物，物必归焉；克刻太精，则鄙吝心生而不自觉也。故大人荡然放物于自得之场，不苦人之能，不竭人之观，故四海之交可全矣。"

另有"将相顶头堪走马，宰相肚里可撑船"的格言。由此可见，

中国人自古就以怨仇为美德。

西方哲学家也曾这样说：“世界上最大的是海洋，比海洋大的是天空，比天空大的是胸怀。”可见，无论中国的古代还是现代，无论国内还是国外，皆以肚量襟怀喻人之宽容，颂人之品格气度。

以德报怨是佛家教诲，有人则问儒家圣人孔子：“以德报怨，何如？”

孔子说：“何以报德？以直报怨，以德报德。”

儒家教诲人们宽以待人，表面上象是为人，实质上有利己色彩。儒家以仁爱求得人际的和睦相处，其实这种仁是以利己为目的的。

比如，子张问：“何以为仁耳？”

孔子曰：“能行五者于天下为仁矣。”

这里的五者就是“恭、宽、信、敏、惠。恭则不侮，宽则得众，信则人任焉，敏则有功，惠足以使人。”

孔子坦言，其旨在利己役人昭然若揭。宽则得众，因而欲得众者必须宽厚。领导者最欲得众，故领导者最能显得宽。翻开历史古籍一看便知，凡是有点成就的领导，无不具备宽容的气度。

宽容别人的无礼或过错，会使对方欠你一笔人情债，而后能收到意外收获。“吃得亏，坐一堆；要做好，大做小”就是这个意思，看来这种“好好先生”还是做得。

对于宽容，林语堂有自己的独到见解。他曾说：“宽容是中国文化最伟大的品质，它也将成为成熟后的世界文化的最伟大的品质。”

从儒家的角度来说，宽容是协调人际关系艺术的最重要的组成

部分。而宽容在生活中的具体运用就是随和。用孔子的话说便是：毋意，毋固，毋必，毋我。意思就是：这样也好，那样也罢，无可无不可，随缘顺势。这种性情随和之人，中国人称之为“好好先生”。

后汉司马德操可谓是名气最大的好好先生，也许很多人对他的名字感到陌生，他就是在《三国演义》中为刘备荐诸葛孔明的水镜先生。

有人问司马德操：“安否？”

他说：“好。”

有人向他诉说孩子死了，他说：“大好。”

其妻责怪他说：“人经君有德，故此相告，何闻人子死，反亦言好？”

他却说：“卿之言亦大好。”

正因如此，司马德操的“好好先生”之名才得以传于今天。

其实，司马先生何尝不能明辨是非得失，不过是不屑细究生活琐事而已。人的随和虽不必趋近司马德操，但这点精神在为人处世时还是有益处的。

人活一世，谁都希望求得一个圆满自乐，但是这要看我们是否都能够有一颗宽容之心。因为宽容的人总是活得轻松自如、从容洒脱，他们因宽容生活过去赐给他们的不幸和挫折，而倍加珍惜今天的日光；他们虽然是平凡的人，但是却因宽容工作环境的艰苦，而懂得世界上没有平凡的环境，进而做好自己的工作，为社会做出应有的贡献。他们经常宽容别人而从不宽容自己，因为他们比谁都清楚：宽容别人是尊重，宽容自己是放纵；没有宽容的社会，不是文明和谐的社

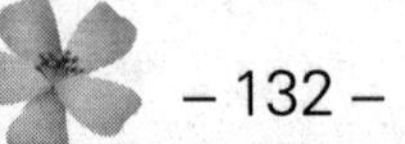

会；只有充满宽容的世界，才不会满是疯狂的行为、邪恶的斗争。

在我看来，宽容的真义，在于给人创造一个友爱的环境而不伤害各自的独创性。为了友谊而掩饰对方的错误，从而保持一团和气，那不是宽容；为了亲情而原谅对方的缺点，求得彼此融洽，那不是宽容；为了爱情而失去自己的主见只是附和，那不是宽容。宽容不是迁就，不是委曲求全，不是忍让……真正的宽容，是精神上的大彻大悟，是行为上的拿得起放得下。

◎ 放下心中的不平衡

在生活中，人们会因各种原因或多或少地出现不平衡心理，这种心理对你心境的危害是非常大的。如果处理不好，我们的生活就将时时处于灰暗的心境世界之中，最后不但将自己的一生毁了，而且还会影响身边的人。

我们在这个大千世界中生活，身边每时每刻都会出现各种各样的人，他们有的怯懦、优柔寡断、害羞内向；有的坚强果敢、胸怀大志、热情开朗；有的面对危险过度紧张、焦虑烦躁；有的则是喜欢挑战，迎难而上，并一直是胜者。正所谓千人千面，现实也的确就是如此。其实，造成人与人之间这种种差别的原因不是别的，就是受人的心境影响的。

每个人的心中都有一个美好的愿望，但并不是每个人都有机会实现它。其实这个世上的事都是很奇怪的，有顺心，也有不如意，没有人会一直顺利下去。其实，无论是顺境，还是逆境，只要你用一颗平常心来对待，你就会给自己找到一片快乐的天地。这就是人们常说的，我们无法让社会来适应我们，但我们能通过改变自己去适应社会。我们只有先改变自己，才有可能改造环境。当然，我这么说，并不是说我们对社会与环境束手无策，只能任其摆布。我的意思是，我们一定能找到解决问题的办法，最终实现自己的梦想。

现实生活中，不平衡的心理在每个人的内心世界都或多或少地存在。朋友做了官、同学发了财、小王换了新车、小李买了别墅……这些都有意无意地刺激着你，如果你自认为比他们聪明、能干，那么，严重的心理不平衡就会开始在你的心底偷偷作怪了。

通常这种心理上的不平衡会给人们带来严重的影响，它会让人在追求所谓的“公平”和“平衡”中陷入盲目的怪圈，甚至为此脱离道德的约束和限制，作出不理智的选择，最终落得追悔莫及的惨痛结局。

如果我们仔细观察，我们会发现身边有那么一种人，自己得到了一点利益就兴奋莫名，遭受了损失就捶胸顿足；对待别人则反之。其实这样的人，骨子里就是不健康，又怎么会有健康的心理呢？如果我们不能自我遏制，则很可能稍不留意就会沉沦，甚至堕落下去，与周围的恶劣环境、卑鄙之人同流合污，去追求所谓的“得到”与“平衡”。最终，断送了自己的一生。

郭先生曾是一个政府部门的领导者，为人积极上进，对工作充满热情，而且曾因政绩突出不断受到提拔。但是后来，当他了解到过去的同事、同学、朋友的生活条件都比他好时，他的心里总觉得不是滋味，自认为能力不逊于他们，职位也比他们高，可是为什么钱赚得这么少呢？而且自己大小是一个领导，担子比他们重，责任比他们大，工作也比他们辛苦，经济上却不如他们。他越想，心里越是觉得不平衡。最终，他思想上警惕的闸门在不平衡心理的驱动之下终于打开了，他一定要超越他们。从此，在任职期间开始大肆收受贿赂，洪水

倾泻而下，一发而不可收。最终，郭先生得到了他想要的东西，不但位高权重，而且收入与日俱增，他为此感到心满意足。可是他高兴得太早了，当他正值春风得意的时候，他的事情败露了，最终因触犯刑法成了一名阶下囚。

以上事例告诉我们，不平衡使得一部分人始终处于一种焦躁、矛盾、激愤的状态中，他们满腹牢骚、不愿进取，工作得过且过、心思不定，甚至铤而走险，玩火焚身，走上危险的道路。

我们常说，通过正当的努力、奋斗去实现人生的自我价值，达到一种新的平衡，是值得称道和庆幸的；可是倘若一味迷失在追求平衡的思想中，并为此变得不择手段，毫无廉耻、道貌岸然、膨胀自私贪欲之心，让身心处于一种失控的状态中，那就不可避免地会产生一些意想不到的可怕后果。由此，你的人生必将陷入一种更大的、难以回旋的逆境之中。

心理上能否获得平衡，关键是看你怀着一种怎样的心态，如果你的心理是阳光的、乐观的，那么即使是乌云满天的日子，你也同样会感受到风和日丽的美好。

罗伯特是美国著名的演说家，他的头秃得很厉害，几乎没有几根头发。在他过60岁生日那天，有许多朋友来给他庆贺生日，妻子悄悄地劝他戴顶帽子。罗伯特却大声说：“我的夫人劝我今天戴顶帽子，可是你们不知道光着秃头有多好，我是第一个知道下雨的人！”正是罗伯特这种心态平和的话，一下子使聚会的气氛变得轻松起来。

人一旦有了不平衡的心理，就会产生一种看不起自己的心理因

素。往往不平衡心理越强的人，他的这种心理因素就会使他的生活越来越糟糕。而那些心理平衡的人，即使他身上存在着这样那样的缺陷，也不会影响他的生活。他会对自己的生活满怀信心，充满期许。

◎ 平衡你的心态

在这个喧嚣的世界里，我们每个人都渴望获得心灵的平衡。“不以物喜，不以己悲”，这是一种宠辱不惊，达观超然的心态，这种心态可以让我们专注于自己的目标，不会因为一时得失而前功尽弃。找好自己心态的平衡点，我们才会获得更自在，更快乐。

有时候，失去不一定就意味着损失，失去也可能是一种获得。人生在世，有得就有失，有盈就有亏。有人说得好：得到了名人的声誉，就可能失去了普通人的自由；得到了巨额的财富，就可能失去了安枕而眠的自在；得到了生意的红火，就可能失去了大量的时间。总之，如果我们每个人都去认真思考一下自己的得与失，就不难发现，失去与得到永远都是成正比的。

汉代司马相如所著的《谏猎书》有云：“明者远见于未萌，智者避危于无形。”这也正是越王勾践十年“卧薪尝胆”的最佳诠释。

春秋时期，吴国军队把越国的军队打得落花流水，越王勾践被迫放弃了王位和自己的国家，忍辱负重，给吴王夫差当了奴仆。三年以后，勾践被释放回国，他立志洗雪国耻、发愤图强，每天睡在草堆上，吃饭前先尝苦胆的滋味，以不忘亡国之耻。公元前473年，勾践率领大军灭了国吴，作了春秋时期最后的一个霸主。

后人对勾践的精神崇拜不已，我们学习他，从他的身上汲取与逆

境抗争的勇气和力量。因为我们知道，在现实生活中，我们也需要有一种敢于失去的智能。当你与人发生矛盾或冲突时，也许不是什么原则性的问题，所以你完全可以放弃争强好胜的心理，甚至甘拜下风，就可能化干戈为玉帛，避免两败俱伤；当你在家庭生活中发生摩擦时，放弃争执，保持缄默，就可以唤起对方的恻隐之心，使家庭保持和睦温馨。

有时候，不计较那么多，放过对方，也是在成全自己。人，贵在怀有一颗宽容之心。

以前有一位国王，他缺手断腿，但他很爱面子。他很想将他那副尊容画下来，留给后代子民瞻仰，于是就派人请来全国最好的画家。

那个画家的技术确实是第一流的，画得很逼真，栩栩如生，把国王的所有特点都很传神地刻画了下来，但是，国王看了之后却不是很高兴，反而难过地说："我这么一副残缺相，怎么传得下去！"一怒之下，就把这位画家给杀了。

于是，又请来第二位画家，因有前车之鉴，第二位画家不敢据实作画，就把他画得圆满无缺，把缺的手补上去，把断的腿补上去，国王看了之后更难过，生气地说："这个不是我，你在讽刺我。"这样第二个画家也被杀了。

后来，国王又请来了第三个画家，第三个画家怎么办呢？写实派的给宰了，完美派的又给宰了，他想了好久，突然急中生智，画他单腿跪下闭住一只眼睛瞄准射击，把他的优点全部暴露，把他的缺点全部掩盖，这就叫作"扬长避短"。国王看了，心满意足地笑了，好好

地打赏了第三个画家。

由此可见，拍马屁也不容易！要拍到痒处。这好像是一个笑话，其实在告诉我们要“扬长避短”，要多讲人家好的那一面。

贬斥别人是错误的，表面上你贬斥别人好像占了便宜，其实错了，得失都是一样，有得就有失，得就是失，失就是得，所以一个人到最高的境界，应该无得无失，但是人们非常可怜，都是患得患失，未得患得，既得患失。我们的心，就像钟摆一样，得失、得失，就这么摇摆，非常痛苦。塞翁失马，焉知非福呢？所以，我总觉得只要我们有一颗平衡的心境，我们就能活得非常自在，就会对自己的所得与所失无谓了，也就不会在意别人对自己的看法了。

下面是唐代的两位智者塞山与拾得（实际上，他们是一种开启人的解脱智慧的象征）的对话，也许我们应该从中获得一些启发：

一日，寒山对拾得说：“今有人侮我、笑我、藐视我、毁我、伤我、嫌恶恨我、诡谲我，则奈何？”拾得回答说：“子但忍受之，依他、让他、敬他、避他、苦苦耐他、不要理他。且过几年，你再看他。”

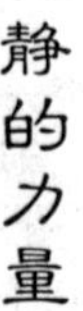

那个高傲、不可一世的人结局就可想而知了，而我们也一定可以想象得出拾得的胜利的微笑——尽管这可能是一种超脱圆滑者的微笑。不过，它的确会给我们的生活带来一些好处。

所以，如果我们知道福祸常常是并行不悖的，而且福尽则祸亦至，而祸退则福亦来的道理，那么，我们就真的应该采取“愚”、“让”、“怯”、“谦”这样的态度来避祸趋福。所以，“吃亏是福”不失为人生一种特殊的处世哲学，也是一种生活的艺术。

我们所指的“吃亏”大多是指物质上的损失，都是身外之物，倘使一个人能用外在的吃亏换来心灵的平和与宁静，那无疑会获得人生的幸福。

其实，人是一个有着超强平衡系统的。当你的付出超过你的回报时，你一定取得了某种心理平衡的优势；反之，当你的获得超出了你付出的劳动，甚至不劳而获时，你就会陷入某种心理劣势。

生活中，很多人都有拾金不昧的美德，这决不是因为大家跟钱有仇，而是因为我们不愿意被一时的贪欲搞坏了长久的心情。天下没有免费的午餐。同样，我们不会无缘无故地得到，也不可能无缘无故地失去。只有时刻保持一颗平常心，让一切来去自然，那样的生活才是最真实，最快乐的。

有时候，你是用物质上的不合算换取精神上的超额快乐。有时候，你看似占了一点便宜，却同时在不知不觉中透支了精神的快乐。所以先暂时强调：吃亏是福。现实生活中，很多人以低调的姿态做着各种各样的事情，因为他们就是我们所说的那种“内心平衡”的人，他们就能做到“不以物喜，不以己悲”。

东晋宰相谢安在指挥淝水之战时，一边与人下棋，一边不时听取前方传来的战报，当时东晋只有8万人马，而前秦符坚却号称“百万之众”。此战若败，东晋势必灭亡，与谢安下棋的人哪能沉得下心来，那人不时流露出焦急的神色，但谢安镇定自若，棋路不乱。终于前方传来谢石、谢玄大败前秦的捷报。可见，谢安的自控能力绝非一般。

一个内心平衡的人，他不会轻易受外来感情因素的干扰，不易激

动、发怒，不仅平时保持心平气和，而且注重个人内在修养的发展，因此，无论在什么情况下，都能始终保持一颗平常之心，泰然自若。

◎ 打开心灵的情绪之窗

人没有满足的时候，即使现在周围的人都在羡慕你的生活，你也不会觉得自己过得多么幸福和快乐，因为在你的眼中还有很多值得你羡慕的人和事。当这种不平衡的心理作祟的时候，你对所拥有的一切都将毫无感觉，你所想到的、看到的只是你自认为不如别人的，同时，你也丧失了所有的快乐。

其实，你羡慕别人也正如别人羡慕你一样，你认为的好，也许正是对方的痛苦所在。不同的人，对成功、对幸福的理解和追求也都是不尽相同的。很多时候，得到并不意味着都是快乐，失去与失败，换一个角度看，才能体会出真正的意义，从而为自己找到心理上的平衡点和支撑点。

生活并不是无所事事打发时间的过程。如果我们把精力都放在驱除不愉快的心情上，便不会有剩余的精力来应付生活本身的需要。人的情绪都会有高潮有低谷，要想永葆快乐，就要像戴尔·卡耐基所说："学会控制情绪是我们成功和快乐的要诀。"

实际上，没有任何东西比我们的情绪，也就是我们心里的感觉更能影响我们的生活了。也许你并没有意识到，痛苦和快乐有着巨大的力量。但是，我需要强调的是，只要你善于利用它们，你就会获益匪浅。

我想说的是，一切的情绪都来自于你自己，你是一切情绪的创造者。很多人都这么以为，一切希望得到的情绪得必须等候，譬如说，有些人除非真得到了所企求的东西，否则就不觉得感受到爱、快乐或信心。而事实上，你可以在任何时候选择所要想的感受，去体验所希望的情绪。

那么，如何选择所希望的情绪而消除负面情绪的影响呢？答案很简单，只要你真正拿出行动，用积极的心态去面对，事情就终有解决的时候。不管情绪有多痛苦，如果你想很快打破消极的念头，找到走出困境的方法，不妨按照下述六个步骤去做，也许就会柳暗花明。

第一个步骤：确认你真正的感受。

很多时候，人对自己的真实感受都是很模糊的。只是一头栽进那些负面情绪，承受不当的痛苦折磨。其实，他们无需如此对待自己，只要稍微往后退一步，问问自己："此刻我是什么样的感受？"如果你真觉得自己已经处于一种愤怒的状态，那么你再问问自己："我真是觉得愤怒吗？抑或是其他？"也许你只是自尊心受到了伤害，或者觉得自己损失了些什么。当你明白了真正的感觉只是受伤或者受损失，你就会发现这一切的发生根本不值得自己生气。也就是说，只要你肯花时间去认真感受，找到自己真实的感受，就能降低情绪强度，以客观理性的态度处理问题。

第二个步骤：肯定情绪的功效，认清它所能给你的帮助。

绝对不可"扭曲"情绪的积极功能，任何事情若是被我们"预设了立场"，那么我们就无法看出它的真貌，而别人善意的建议也不会

接受。一味地压抑情绪，企图减轻它对我们的影响不但没用，反而会更加缠着我们。因此，对于一切你所认为的“负面情绪”都该重新检讨，给它们重新定位，日后当你再遇上相同的情况，那些情绪不但不再困扰你，反而能带你走出另一片天地。

第三个步骤：情绪被困时，重新认识情绪的真义。

情绪是琢磨不透的东西，当你被它困扰的时候，很容易深陷其中不能自拔，所以，你必须采取积极的态度去解决问题，让它不再发生。因此，在生活中，当你有某种情绪的反应时，要带着探究的心理，去看看那种情绪真正带给你的是什么。此刻你到底应该怎么做才能使情绪好转？如果你觉得孤单，不妨问问自己：“我是不是真的孤单呢？抑或是自己曲解了？事实上我周围有不少朋友。如果我能让他们知道我要去看他们，他们是否也会很乐意来看我呢？孤单的感觉提醒我该多跟朋友联系了。”

我觉得，下面四个问题来帮助自己改变情绪：“到底我想怎样？”“如果我不想这么继续下去，那得怎么做呢？”“对于目前这个状况我得如何处理才好？”“我能从中学到些什么？”，只要你对情绪有正确的认识，那么就必然能从中学到很多重要的东西，不仅在今天能帮助你，在未来亦复如此。

第四个步骤：要有自信。

信心是一切成功的先决条件，更是治愈一切创伤的良药。因此，你对自己要有信心，确信情绪是能够随时掌握的。掌握情绪最迅速、最简单且最有效的方法，就是拾起过去曾经有过的经验，回想一下过

去类似的情绪经验，当时是怎么解决的？然后针对目前的状况，拟出可以让你成功掌握情绪的策略。由于过去你曾处理过这种情绪，而现在对情绪又有了新的认识，相信这样可以帮助你拟定策略。只要你决定按照上次成功的模式去做，带着信心，那么这一次依然会如上一次那样有效。

第五个步骤：要确信自己今天和未来都能控制情绪。

要想未来依然能够很容易地掌握情绪，你必须对自己现有的做法有充分的信心，过去你已经使用过，并且证明确实有效，如今你只要重新使用即可。你要全心全意地去回想，去感受当时的情景，使顺利处理的经过深印在你的神经系统中。当然，你最好可以再想出其他三四种可能的处理方法，把它们写在小纸片上，不时提醒你自己。这些可能的处理方法包括改变你的认识、改变你的沟通方式或改变你的行动，等等。

第六个步骤：要以振奋的心情作出行动。

人之所以振奋，是知道自己可以很容易地掌握情绪；拿出行动，为了证明自己确有能力掌握。

总之，当你熟知这几个简单的步骤你又能运用得很灵活，日后就能很快地确认及改变情绪了。这几个步骤在一开始运用时可能会有点困难，不过就像学习任何新的事情一样，只要你不停地练习，就会越来越顺手。奥格·曼狄诺在处理情绪问题上一直信守这套哲学：“当怪物还不大时，就得处理掉。”只要你确认情绪的真实面貌，再加上能有效地运用这几个步骤，不用多久，便会发现自己在处理情绪上得

心应手了。

也许过去你认为是情绪的“地雷区”，如今有了上述六步骤，你便仿佛拥有了探测器，如果可以运用得得心应手，那么每一步都会有成功的把握。

◎ 心灵是自我作主的地方

我们的心灵是决定我们行为的地方，如果我们的心灵被美好的信念所充满，他就不会被暴力、邪恶或一些消极情绪所影响，也不会被灰暗的心术所控制或限制。每一个登上过峰顶的人，都曾经拥有这样的位置。在这里，他有属于自己的心灵世界，他的心境是明亮的，他的毅志是强的，他有勇气俯视人世间的一切事物。

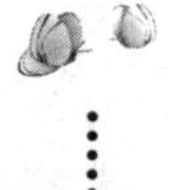

那么，我们怎样才能使我们的心灵美好、心境明亮呢？

第一点：战胜生活中的孤独。

孤独，并不是独自生活，也不意味着就是独来独往。一个人独处，可能并不感到孤独；置身于大庭广众之间，却总是有孤独感产生与存在。孤独有时候也有不好的一面，会让人心情变坏，每个人都有孤独的时候，但并非都能够战胜自己的孤独。

第二点：摆脱伤心。

人如有所失时，如友情、爱人和自尊，使你觉得伤心时，应设法找出失掉的是什么？这种丧失对你有什么影响？所丧失的曾满足你的哪些需要？失掉了以后能在哪里取得补偿？你觉得伤心，而且知道是谁令你伤心，应该怎么办？如果可能，就去找那个人当面直说他伤害了你，怎样伤害了你和为什么你有这种感受。为什么告诉他？因为不论你是否喜欢，你的情绪一定要以某种方式发泄出来。倘若不向引起

你情绪恶劣的人发泄（向他发泄是应当的），这些恶劣情绪会随时随地发作。往往发作的地点与时间都不对。妻子不在吃饭时向丈夫说出真心话，而在厨房里摔碟子，就是例子。最好是在情绪开始恶劣时就向问起你这种情绪的那个人说明。

第三点：平息愤怒。

被人得罪了，人们往往会发怒。你发怒的时候，要自问："谁得罪了我？怎样得罪的？我对那个人说了些什么？我本来要说些什么？为什么我没有说呢？"愤怒和心灵受伤者，都应该即刻直接应付。例如，哈里和麦克斯两人因为一只狗而大声吵架。哈里首先骂狗，然后埋怨麦克斯的孩子，又抗议麦克斯开的盛大舞会吵闹扰人。其实哈里真正愤怒的原因是上次舞会没有请他。而他和麦克斯说起来都是老朋友。"但是我们所开的并不是真正的舞会，"麦克斯解释说，"只是在办公室和同事一起玩玩，所以没有请你参加。难道你为了那回事生气？"倘若有人触怒了你，立刻对他讲明，大多数人都会表示歉意而仍要和你继续做朋友。

第四点：摆脱嫉妒的束缚。

日本心理学家诧摩武俊认为，引发妒嫉的条件主要有四个：各方面条件与自己相同或不如自己的人居于优位；自己所厌恶而轻视的人居于优位；与自己同性别的人居于优位；比自己更高明的人居于优位。但他又指出，由于"妒嫉心是在本人还未觉察时通过迅速无比的心理检查而产生的"，所以，这四个条件中任何一个若与下列否定条件重复，嫉妒将不再产生：

1.本人无意加以比较，或看破了情势，认为自己无法达到那么一个高度，或二者生活在不同层次的世界。

2.妒嫉的对象不在自己身边。

3.是对方通过艰苦努力得到的结果。

根据产生妒嫉心理的这些基本条件和否定条件，我们完全有可能找到一些淡化妒嫉的有效办法。记住，淡化妒嫉也就是淡化优势——你不比别人强，别人嫉妒你什么？虽然明摆着比别人强，但还要从感情上和大家走在一起，认为自己不比别人强，这一下子，别人反倒不再妒嫉你，也会认为你是靠自己的努力得来优位。这同时也为自己创造了好的工作环境！具体说来，有以下几种方法：

介绍自己的优位时，强调外在因素以冲淡优位。你被派去单独办事，别人去没办成，而你却一下子办妥了。这时，你若开口闭口“我怎么怎么”，只能显出你比别人高一筹，聪明能干，而招致妒嫉。如果你这么说：“我能办妥这件事，是因为我卖力肯干。”就容易让人觉得你处于优位是理所当然的，因而会妒嫉你的能干。但你要这么说：“我能办妥这件事，一方面是因为前面的同志去过了，打下了基础，另一方面多亏了当地群众的大力帮助。”这就将办妥事的功劳归于“我”以外的外在因素“前面的同志和群众”去了，从而使人产生“还没忘了我的苦劳，我要是有群众的大力帮助也能办妥”这样的藉以自慰的想法，心理上得到了暂时平衡。“我”在无形中便被淡化了优位。

第五点：克服焦急。

人在害怕受伤害或有所丧失时就会变得焦急（忧虑、恐惧、紧张）。17岁的玛丽在她母亲进医院检查和接受小手术时，家人为了不想让她担心，对她母亲的病况讳莫如深。玛丽惟恐会有最不幸的事发生，开始怀疑每个打来的电话都可能传达坏消息。她非常焦急，仅能勉强应付学校和家里的事。最后别人把她母亲的真相告诉了她，她便觉得好多了。

如果你感觉焦急，就应设法确定你恐怕丧失的是什么——是不是别人的爱或照顾？是你对境况和对自己本身的控制，还是你自己做人的自尊和价值观？想一想有什么能帮助你防止损失，或帮助你准备应变。

不要因为心里害怕而把它撇开。躲避你所怕的事，只能把事情弄得更糟，问题更难解决。

第六点：走出忧虑的圈子。

想办法克服忧虑非常重要，因为忧虑是快乐的敌人，它影响你思考的能力，进而影响你的工作效率并对健康有危害。

比肖普博士是一位内科医生，他说："许多人并没有意识到，紧张焦虑可能会引起许多心血管方面的疾病。忧虑不安是普遍的现象。少许不安对人有好处，因为它可以促使你去完成任务、做事情，但若是焦虑过度则非常有害，它可能会引起身体任何器官的疾病。"

他说："对于焦虑，心脏有多种反应。心跳速度加快；心律可能会受到影响；强大的压力或焦虑可能导致心律不齐。众所周知，焦虑也可能导致心脏阵痛，这便是平常所说的'心绞痛'，尤其是中年人容易患这种病。而紧张也可能会造成心血管血流不畅，即一般所说的

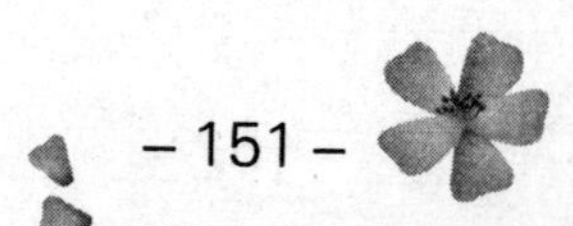

‘冠状动脉血栓症’，会导致严重的后果。”

据《洛杉矶时报》报道，加州大学洛杉矶分校的精神病临床教授阮吉尔博士认为：“焦虑和烦恼的人比较容易感染上细菌或其他微生物。”

虽然如此，你也不必惊谎，你绝对有能力去克服恐惧，你不要以为它一定会使你受到伤害。

第七点：无须内疚。

愤怒不能适应发泄，就会掉转过来进攻你自己。一个人对自己发怒时，他就发生内疚而对每一件不顺心的事都归咎于自己。例如，他可能以为自己不理想而使人失望。即使他觉得自己太无能而不敢替自己申辩，他还是会私下认为别人对他期望太高而愤恨他们。

詹姆斯太太一生都是任劳任怨地侍奉丈夫和三个儿子。她总是为他们的幸福甘愿牺牲自己，忘却自己的需要。但她暗自觉得生活空虚从未做过任何使自己快乐、值得自豪的事。最后她开始受怨恨和愤怒的影响，不好好地服侍丈夫和儿子了。

她做事马虎，不愿帮忙。她的行为事实上是内疚心理的表露。

詹姆斯太太很难向人发脾气，她总以为发怒就表示不爱对方。其实愤怒和爱一样都是人之常情。我们不应把情绪分为好和坏，应该分为愉快和不愉快的，设法了解情绪并予以解决应付，然后我们才能过有意义的生活。

你怎样对付内疚？只要你记住大多数内疚来自压抑的愤怒，而愤怒又是因为心灵受伤害而产生的，那么解决的办法应该是查出心灵所

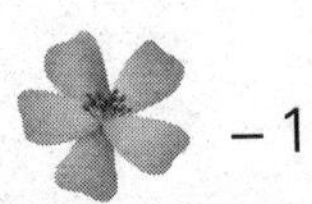

受的伤害，并找出造成伤害的原因，再把愤怒引回原来它应该发泄的地方。

第八点：走出烦恼的阴影。

一个希望成功的人，总是时时思考着怎样把自己的才智、精神、体力用得恰到好处，不能让自己的才智、精神、体力白白耗费、糟蹋了，就像他们挥霍金钱一样。

有很多人时时在浪费自己的精力，不但如此，他们连自己成功的资本——身体——也毫不注意，把它糟蹋得像生了锈的机器一般。至于他们浪费脑力的方法，那更是五花八门……对自己的脑力造成了重大的损失。他们动不动就发怒、着急、烦恼、愁闷。这些情形比起别的坏习惯来，对生命力的损害真不知要大多少！一个人，如果他不时时注意积蓄自己的体力与心力的资本，不尽量避免损伤自己强健的躯体，那他无异于把自己的成功资本抛到大海里去，即使他的志向再有多么远大，也只好望洋兴叹，后悔莫及了。

你可以看见一些年纪不到30岁，就已老态龙钟的年轻人。他们刚开始做事时，有着很大的“资本”——他们的脑力、才华、体格，样样都不在别人之下，但是现在还不到中年，他们那些巨大的资本就已被用光了、挥霍了。

这种人，起初谁都觉得他是前途无量、希望远大的人。他有十足的领导力，生气勃勃，事事乐观。可是不久以后，就可以看见他已经遭遇了成功的敌人，他贮藏精力的保险箱已被敌人凿开，体力的机器已被渐渐破坏。随后，他从前那股干事的神秘的力量也被连带洗劫一

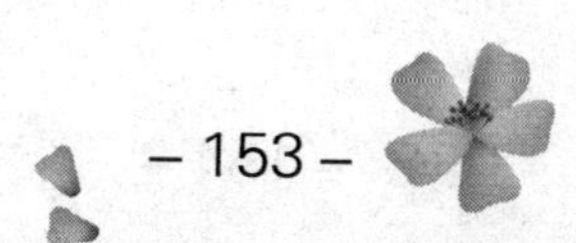

空。于是，他的自信力也渐渐不见了，自尊心也逐渐消失了，他多年来心血的结晶，只剩下一个残缺的空壳了。

切记：动感情是消耗精力的。一切情绪，尤其是不愉快的情绪，都必须等它消了才会好。

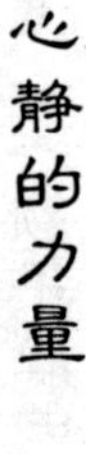

◎ 正确看待得与失

我们的人生就是一个不断地失而复得、得而复失的过程。一个不懂得什么时候该放手的人是愚蠢的；一个不知道失去有时候也是一种收获的人，更是一个失败的人。所以，我们要正确看待一切得与失，这样我们才能舒心地活着。

我认为，只知道得，不知道失的人，是一种处于混沌中的人。他们除了取得生命，还要取得食物，以求生长；取得知识，增长才干。这是人生之初的期待；长大之后，则要有失有得，此时也就学会了获取和付出，也就是人们常说的，学会取与舍，即学会取熊掌而舍鱼，或取利禄而舍悠闲。人生之路漫长，有坦途，也有崎岖之处和险滩。当走到崎岖之路和险滩地方的时候，就仿佛登山履危、行舟遇险，此时则更要懂得舍。如果不懂得舍“物”，那只有舍“命”了。

只有傻人，才会苦苦地挽留夕阳；只有蠢人，才会久久地感伤春光。贪小便宜的人，往往会失去更珍贵的东西。舍不得家庭的温暖，启程的脚步就会被羁绊；迷恋手中的鲜花，很可能就耽误了你美好的青春。

人都应该正确地看待自己，是你的别人抢不走；不是你的，你想得也得不到。记得有一位作家曾说过：“来的偶然，去的必然。该来

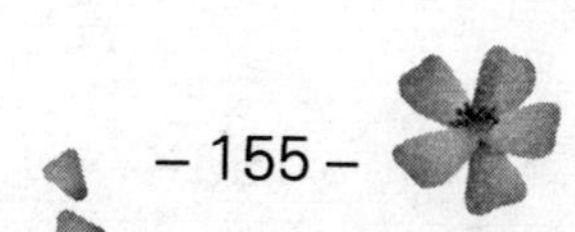

的来，该去的去。来去之间，能留下多少就算多少。”好也罢，坏也罢，都是自己的前因后果的循环罢了，这又有什么喜与忧呢？又有什么要埋怨的呢？把握当下，去完成自己的理想，哪怕只是跨出一毫一厘，哪怕是失败。其实，失败是最终的成功。也许今天的得与失，就是给自己明天一个宽敞的天地，为了得到更好。

少女时代的玛丽亚天真烂漫，好学上进。而当她中学毕业后，因家境贫寒无钱去巴黎上大学，只好到一个贵族家里去当家庭教师。在这期间，她与这个贵族的大儿子卡西密尔相爱了，但是他们的感情却受到卡西密尔父母的反对。虽然两位老人也深知玛丽亚生性聪明、品德端正，但深受等级观念影响的他们是不允许自己的儿子娶一个出身贫贱的家庭女教师的。卡西密尔的父亲大发雷庭，母亲则几乎晕了过去。在父母的逼迫和要挟下，卡西密尔屈从了。

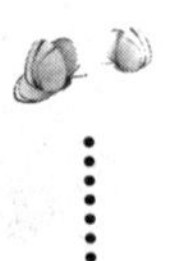

失恋的痛苦折磨着玛丽亚，甚至让她产生了自杀殉情的念头。不过，玛丽亚毕竟不是平凡的女人，她除了深爱卡西密尔，还热爱科学和自己的亲人。由此，她放下情缘，刻苦自学，并帮助当地贫苦农民的孩子学习。

三年后，玛丽亚又见到了卡西密尔。她和他进行了最后一次谈话，卡西密尔还是那样优柔寡断。于是，玛丽亚果断地斩断情丝，踏上了去巴黎求学的道路。

在巴黎，她不但学到了精深的化学知识，更遇到了与她相爱一生的真正伴侣。

如果说前一次的失恋是玛丽亚的一次失去，是她人生中的第一次

失败经历。那么，如果没有这次失去，她的人生将会是另一种样子，世界上也会因此少了一位伟大的科学家——居里夫人。

不可否认，我们每个人来到这个世界上的时候，都是赤条条身无一物，而当我们离开的时候，也是两手空空。人的一生中，只有生命是伴随我们最长时间的，但是即使是生命，我们也只能拥有一定的年限，没有什么会真正于我们“长相厮守”。我们似乎从懂事的那天起就在不断地索取着，索取知识、索取经验、索取财富、索取情感……而随着从童年到青年、壮年、中年、老年，时光的流逝也带走了我们所拥有的许多东西，比如青春、健康、家人……得到了，但是我们也失去了。

有这样一个有趣的事：

一个人曾经和女友做了一个小测验，说如果同时丢了三样东西：钱包、钥匙、电话本，最紧张哪一样？女友毫不犹豫地选择了电话本，而他毫不犹豫地选择了钥匙。答案说：女友是一个怀旧的人，而这个人则是一个现实的人。

后来他们分手了，女友的确因为无法忘记那段大学时代未果的爱情，无法彻底删除那段他们之间美好的过去，所以总是闷闷不乐，而爱情中的他早已为人夫、为人父。女友的心停在了过去，一直后悔当初没有坚持到底，因此，也错过了很多不错的人。

他问她：“还可以挽回吗？”她摇摇头。

他说：“那为什么不放弃？”

她无奈地说：“放弃不了。”

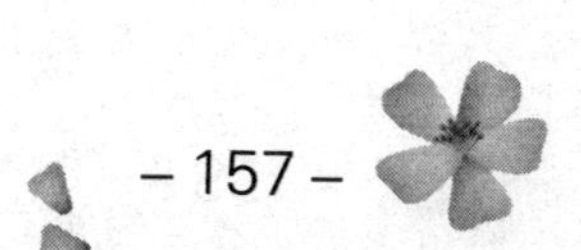

他说："其实是你不想放弃。"

有句古话说得好："苦海无边，回头是岸。"偏偏有人就执迷不悔，可见，烦恼就是自己找来的。

还有一个女孩，四年前在女友的宿舍玩，一时贪念起，想偷屋里的一副耳环，后来被耳环的主人识破。女孩羞愧难当，自此离开家乡，再也没回去过。

有些错，一旦犯下了，就再也无法弥补。人生就是这样残酷，因为我们不是在打草稿，可以重新来过，我们每一天，每时每刻，都是现场直播，由不得你出任何差错。有时，需要你付出代价，这个代价就是放弃。

放弃需要明智，该得时你便得之，该失时你要大胆地让它失去。有时你以为得到了某些时，可能失去了很多；有时你以为失去了不少，却有可能获得许多。外在的放弃让你接受教训，心里的放弃让你得到解脱。生活中的垃圾既然可以不皱一下眉头就轻易丢掉，情感上的垃圾也无须抱残守缺。不要总想着挽回，有时人生需要放弃。

不以"得"喜，不以"失"悲。尽自己最大的努力去做，管它花开花落，云卷云舒。

◎ 营造一片平静的心境

学过哲学的人都知道，事物有它的多重性。不同的思维方式，有不同的解决问题的方法、措施，能引发不同的结果。既然如此，我们不妨给自己营造一个平静的心境，从而摒弃那种悲观消极的方法，采取正确的思维方法，一切可能真的美好起来。

生活中，平静的心境的确可以使我们坚定，意志集中，头脑清晰，对眼前的问题有一个沉着、全盘的看法；也使我们可以看清周围的环境，忘却自己，把注意力转移到更持久的事物上去。

在美国的所有总统中，阿伯拉罕·林肯是惟一出身于贫民阶层的一个。这位深受美国人民怀念的伟大总统是这样描述自己的外表的："如果有人希望我描述一下自己的外表，那我可以直言奉告。我身高6英尺6英寸，体重180磅，肤色黝黑，骨瘦如柴，黑头发，灰眼睛。如此而已，别无其他引人注目之处。"

在入主白宫以前，林肯一直处于颠沛流离中，加上其貌不扬，又一贯不修边幅，常穿着一双粗绒线的蓝袜子、一双大拖鞋，甚至连领带都不打。

当他初到白宫任职时，阁员中的阔佬没有一个瞧得起他。他们甚至要挟林肯老实地蹲在白宫的角落里。

财政部长齐斯对林肯可以统治白宫感到十分惊讶，不时窥视着总

统的职位。他不仅在背地里煽动别人对总统不满，还连续五次以提出辞职来要挟。虽然第五次林肯批准了他的辞呈，但是林肯始终认为他是一个有才干的人。林肯说："齐斯是一个很有才能的人，尽管他在背后愚蠢地反对我，但是我决不愿铲除他。"齐斯辞去财政部长后，林肯量才而用，任命他为最高法院的首席法官。

陆军部长斯坦东同样瞧不起林肯总统。他曾声称："我不愿意同一个笨蛋、老憨、长臂猴为伍。"他还冷嘲热讽地说："人们为什么要到非洲去寻找大猩猩，现在坐在白宫中抓耳挠腮决定美国命运的不就是吗？"林肯听后说："我决心牺牲一部分自尊，要重用斯坦东任陆军部长。因为他绝对忠于国家，富有力量和知识，像发动机一样工作不息。"

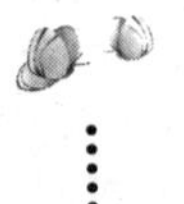

有一次，一位议员带着林肯的手令去给他下指示，斯坦东居然拍桌大叫："假如总统给你这样的命令，那么他就是一个浑人！"那位议员满以为林肯会因此把他撤职，可是，林肯听了汇报后却说："假如斯坦东认为我是一个浑人，那么我一定是了。因为他几乎一切都是对的。"事后斯坦东极为感动，马上向林肯致歉。

虽然身为总统，但是林肯惹来了很多非议。白宫内部如此，外部也不例外。

富豪也瞧不起林肯，总想给他一点难堪，甚至有人竟当众奚落他，想使他下不了台。有一天，道格拉斯见了林肯，便挖苦道："林肯先生，我初次认识你的时候，你是一家杂货店的老板，站在一大堆杂物中卖雪茄和威士忌，真是个难得的酒店招待呀！"

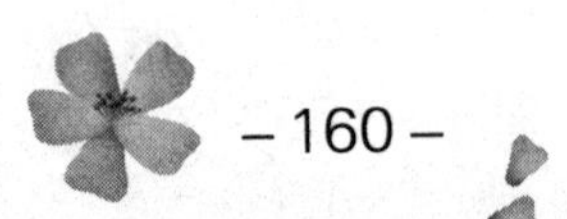

然而，林肯并没有发火，不以为然地说道："先生们，道格拉斯说得一点也不错，我确实开过一家杂货店，卖些棉花啦，蜡烛啦，雪茄什么的，也卖威士忌。我记得那时，道格拉斯是我最好的顾客了。多少次他站在柜台的那一头，我站在柜台的这一头，卖给他威士忌。不过，现在不同的是，我早已从柜台的这一头离开了，可是道格拉斯先生却依然坚守在柜台的那一头，不肯离去。"

林肯说完，周围的人都哈哈大笑起来，称赞林肯说得好。而道格拉斯却涨红着脸，显得尴尬万状。他自讨了个没趣，便灰溜溜地走开了。

对群众的批评意见，即使是骂自己的话，只要是有道理的，林肯也愿意接受。

有一次，林肯和儿子罗伯特驱车上街，遇到一队军队在街上通过。林肯随口问一位路人："这是什么？"林肯原想问是哪个州的兵团，但没有说清楚，那人却以为他不认识军队，便粗鲁地回答说："这是联邦的军队，你真是个大笨蛋。"林肯面对一个普通路人对自己的斥责声，只说了声"谢谢"，没有半点怒容。他关上车门后，严肃地对儿子说："有人在你面前向你说老实话，这是一种幸福。我的确是一个大笨蛋。"

1860年，林肯成了共和党的候选人。但是，参加总统竞选的他没有专车，他只能买票乘车。然而每到一站，朋友们都会为他准备一辆耕田用的马车。他发表竞选演说道："有人写信问我有多少财产，我有一位妻子和三个儿子，都是无价之宝。此外，还租有一个办公室，

室内有桌子一张，椅子三把，墙角还有大书架一个，架上的书值得每人一读。我本人既穷又瘦，脸蛋很长，不能发福。我实在没有什么可依靠的，惟一可依靠的就是你们。”

即使林肯显得有点寒酸，但是林肯成功了，他以其平静的心境和严谨理智，成为了美国历史上最让人尊敬怀念的总统。

中国有句话说叫作“心静自然凉”，这足以说明静心的作用。

如今，社会节奏不断加快，很多人受此影响，内心开始变得越来越浮躁，人们给自己设定的目标越来越多，但最终实现的没有几个，都在途中放弃了。惟有静下心来，专心致志地做自己的事情，即使你很平凡，但是你依然会获得成功。

第四章
打造健康的生活方式

物质是我们赖以生存的基础，但是我们也需要精神层面的支持。因此，我们必须与世界建立精神关系，当我们的精神得到慰藉和供养，我们才能撇开过多的私利之心，尽可能拥有高于日常生活的美好信仰，平和地看待身边发生的一切，让心灵澄澈而宁静，怀着一颗淡然之心面对生活。

◎ 给生活一点信心

信心是做好一切的基础，生活同样也需要信心。

生活，有时就像一个巨大的振荡器。它白天发动，夜晚停止。而我们人类像是沙砾，随着振荡的力量而跳跃，互相摩擦。在互相摩擦中遍体鳞伤，在它停止之时随之停止。只有停止下来，才真正感到疲惫，感到眩晕，感到迷惑，感到颓丧，从而产生怀疑，产生不满，产生悲观，产生幽怨，产生悲观。而当振荡再次发生时，“沙砾”又随之跳跃和摩擦。在跳跃和摩擦之际，认为生活本该如此。于是，一贯处于盲目的兴奋当中。日日夜夜，循环不止，这是生活的惯性。白天，夜晚；失望，希望；自怜，自信；自抑，自扬，这是生活的本质。

当初，上帝创造了驴子，并对它说：“你是头驴子，从早到晚，你要不停地干活。在你的背上，还要驮着重物，你吃的是草，而且缺乏智慧。你的生命将有30年。”

驴子说：“像驴子这样生活，30年实在太长了。求求您，还是不要超过20年了。”

上帝什么都没说，就答应了。

上帝创造了狗，并对它说：“你需要随时保持警惕性，守护你最好的伙伴——人类和他们的住所。你吃的是他们桌上的残羹剩饭，你的生命期限为25年。”

狗说："我的主啊！对于这样的生活，25年太长了，我的生命还是不要超过15年为好。"

于是，上帝也答应了它的要求。

上帝又对猴子说："猴子，你悬挂在树上，像个白痴一样令人发笑。你将在世上生活20年。"

猴子听了这话，眨眨眼说："我的主啊！如同小丑一样活上20年真的太长了，请您行行好，不要让时间超过10年吧！"

上帝也答应了猴子的请求。

最后，上帝创造了人。

上帝对人说："人，你要有理性地活在这个世上，用你的智慧，掌握一切，支配一切，而你的生命为20年。"

人听完后说道："主啊！人活着只有20年的时间恐怕太短了，我看这样吧——您将驴子拒绝的30年、狗拒绝的25年，和猴子拒绝的20年，全部赐予我好吗？"

同样，上帝答应了。

结果，正如上帝所安排的那样，人，先是无忧无虑地活过了一些年头。接着，他成家立业，如同驴子般，背着沉重的包袱拼命工作；然后，像忠诚的狗一样，认真守护着他的孩子；当年老的时候，他又像猴子一样，扮演"小丑"，和他的孙辈们玩耍，享受晚年时的天伦之乐。

这就是人生，这就是我们的一生。

我们很多人就是这样走过一生，寒来暑往，无数个日日夜夜。但

是，在这样的过程中，每个人享受到的人生味道，却不尽相同。

其实，对于任何动植物来说，最大的区别就在于人可以有信仰。人，可以有为信仰而拼搏终身的冲动。信仰使人高出宇宙万物，信仰使人具有百折不挠的精神力量。

信仰，是内心的光，它照亮了一个人的人生之路。在正直的信徒那里，信仰永远不会披上伪装。为了信仰，为了使之像日月星辰那样在头顶照耀，他甘愿随人世间所有的痛苦。没有信仰的人，犹如在黑夜中前行，不辨方向，没有目标，随波逐流。即使是一位孤军奋战的悲剧英雄，他也需要想象自己是在为某种信仰而战。这样的信仰，不在于相信佛、上帝、真主，或者其他神灵，而恰恰在于相信人生应该具有崇高的追求，有超出世俗的理想目标。信仰的种子，有时须待冰消雪融，方能破土而出。卧于雪中，永远不会成熟。

所以，我们说，信仰是绝望者的希望。

为此，即使你的精神和肉体遭到冲击，乃至残害，也不要对你维护信仰的激情有半点儿疑心。纵然各种势力，都在与你为敌，并与信仰的力量分庭抗争，倘若步履坚定，你仍可信赖自己的一片赤诚之心。你若是否定自己，一朝抛弃信仰，你的灵魂，从此便将“死”去。

在欧洲文明史上，有一个伟大的名字——苏格拉底，他既是伟大的哲学家，也是个人信仰的殉道者。

据史料记载：古雅典的奴隶主统治，以及“伪民主”领袖阿尼特超越本分的行为，一向为苏格拉底所不齿。于是，阿尼特伙同另外一些亡命者，以渎神罪和毒害青年罪为名，起诉苏格拉底。雅典变得愈

加黑暗，苏格拉底感到绝望，他拒绝了多次减轻罪名和逃跑的机会。在临刑前，狱吏甚至为他开了后门，并从里面将门闩上，可苏格拉底竟从前门绕道而回。

事实证明，是苏格拉底选择了死，不是死选择了他！而这一点，正是苏格拉底的目标。他是一只牛虻，永远的反对派，但正因为他的存在，能使人们时时审视自己是否捍卫了崇高的信仰，是否对得起自己的良知。

在苏格拉底的心中，一直有一个理想的民主目标——人权不可分成等级，雅典公民不仅仅要有政治权利上的平等，而且还要有经济、社会和文化上的真正平等；这并不是要求财富均分，而是经济、社会和文化（主要是经济）上的不平等，不至于影响政治上的平等。这对制度设计提出了一个极高的要求，也是民主制度一个永恒的难题。这正是他一生的信仰。

可以想见，当苏格拉底面临最后的指控时，他的心中，肯定感到了无力与无助。他对弟子们说：“作为你的老师，我的死将是给你们大家上的最后一课。”苏格拉底最后在法庭上说：“对我来说，我并不畏惧这样的判决。即使到了阴间，我仍将使世界的良心感到不安，这甚至使我感到幸福。”可见，他对于自我信仰无比虔诚。

在我们的生活中，有的人也喜欢谈论信仰，但大多数都是口口声声宣扬“为信仰奋斗”的人，也许他们可以逞一时之勇，但是绝对很少有人可以做到苏格拉底那样。

对生命的热情，对信仰的虔诚，都源于我们对生活的信心，只有

我们保持一颗坚定的生活之心，我们才能有勇气和力量去追求我们的信仰，让我们的生命格外绚烂夺目。

◎ 保持一个健康的身体

如果现在我问大家，对人来说，最重要的是什么？

我想，如果是30年前，也许很多会回答，是财富、地位，等等。但是，随着社会的发展，人类文明的不断进步，人们的价值观也有了很大的改变。我觉得很多人都会说，人最重要的就是健康。

试想，一个人如果疾病缠身、身体虚弱，或者烟酒无度、元气大伤，其成功的可能性是很小的。他们在与生龙活虎的人竞争时，明显处于劣势。

一个虚弱不堪、能力有限的年轻人，拼命追求成就与声望，却一无所获，这是令人无比痛心的。而最令人难受的是，是他自身的雄心和愿望，本来可以实现自己的想法，本来可以拥有一种高尚而充实的生活，但由于身体条件所限，却无法实现。没有了健康，没有了生命，其他的一切从何说起，生命还有什么意义？

曾经有人用“1000000000000”来比喻人的一生，其中“1”代表健康，各个“0”代表事业、金钱、地位、权力、快乐、家庭、爱情、房子、车子……开头的“1”一旦失去，后面的“0”将会没有任何意义。

我想，这个比喻，会让那些只顾追逐财富而忽视健康的人感到震惊！在现实生活中，人们往往为了生活为了财富，而投入大量的精力和时间，甚至无暇休闲、运动，更不会去关心注意自己的健康问题。

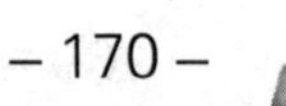

医生说：“拿破仑的脉搏每分钟跳动从来不超过62次，他的胸脯上没有几根毛。”

拿破仑说：“我还从来没听到过自己的心跳，简直就像我没有心跳一样。”

但是他又说：“大自然赋予我两种有价值的才能：只要想睡就睡，不能吃喝过度……吃得太多会使人生病，吃得不够量却从来不使人生病。”长时间的骑马、乘车增强了他的体质，“水、空气和爱干净是我喜爱的药物。”

他能一口气乘车将近500英里从蒂尔西特到德雷斯顿，到目的地之后依然精神饱满；他能在马上骑50英里从维也纳到塞默灵，在那里吃早饭，当天晚上再回到申布伦，继续工作；他能骑马奔驰5个小时、80英里，从巴利阿多里德到布尔戈斯；他经过长时间的骑马和行军，于午夜抵达华沙，早晨七点又接见新政府成员。与英格兰的战争爆发后，他与四位秘书连续工作了三天三夜，然后在热水里泡六个小时口授快信。在拿破仑身上，这种强大的信念存在于他心里，支撑他去奋斗，使他在关键时刻能够释放出超人的能量，全力以赴。

当然，很多人都曾有过这样的感受，皇帝、将军、很多企业家，等等。

衡量一个人事业的成功与否，并不以其在银行中存款的多少而定，而全在于他怎样利用身体内在的所有资本，也就是健康。试想，一个生命垂危的亿万富豪，躺在病床上奄奄一息，即使拥有万贯家产、声名显赫恐怕也无福消受。

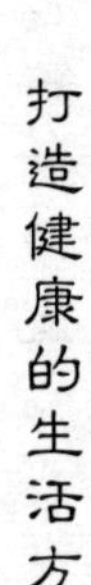

健康是我们一生成功的资本，没有健康其他的一切都是空中楼阁。生命中最重要的奖赏则是健康的体魄。健康曾体现在布雷厄姆城堡连续工作144个小时的狂热中，体现在拿破仑24小时不离马鞍的精神中，体现在富兰克林70岁高龄还露营野外的活动中，体现在休斯顿84岁的高龄还能掌握国家这艘航船的方向的状态中。上述种种，成就了生命中最重要的东西。

健康是成就伟大事业的条件，这是一条铁的法则。虚弱、无精打采、无力、犹豫不决、优柔寡断的人，有可能过上一种令人尊敬和令人羡慕的高雅生活，但是他很难往上爬，不会成为一个领导者，也几乎不可能在任何重大事件中走在前列。

格莱斯顿和丁尼生曾一起参加一个盛大的宴会。据说，前首相格莱斯顿很有兴趣地享受美食，时而大笑，时而闲聊，时而讲些趣闻逸事，他充分地展现着他的聪明才智和生机活力。而丁尼生则不然，他一直在旁边沉默着且面带悲伤，看上去是对这些东西烦透了。

与格莱斯顿相比，桂冠诗人丁尼生是比较年轻的，但是他用于工作的时间太多了，因为他忽视了自己的健康。他烟抽得很厉害，一连几个小时坐着，身边放着陶制的烟斗，一支一支不停地抽。格莱斯顿则正好相反，他总是谨慎而明智地照顾着自己的身体。没有谁看见他痛苦、忧郁过。

米开朗基罗在他伟大的绘画作品中，无论是描绘天堂还是地狱，无一不体现出强壮的身体力量，这就是意大利人对人的力量的热爱。

在饮食和生活起居上，如果我们能够应用自己的常识，维持适当

的营养，过一种简单、有规律、有节制的生活，那么我们永远都不需要服药。但我们当中有很多人，过着一种违背生活规律的、有损身体健康的生活。

很多人为了节省金钱，便忽略身体上应有的营养。他们出外办事时，总是饮食无定，有时竟一点东西也不吃，就是吃也不依照正常的时间；他们往往为了工作，仓促地吃点简单的盒饭；他们剥夺了自已睡眠和休息娱乐的时间。由于他们经常摧残自己的身体，所以，不到40岁，他们的头发已经渐白，身体已经显出衰老的样子。这样的人，其实不但没有节省，反而是一种最坏的浪费。

许多人因为不善保养自己的身体，所以即使具有超群的天赋，却最终只获得了不足道的成功。千千万万人到了晚年感到，甚至连年轻时1%的希望也不能达到，因为身体的原因使自已远离了成功，最终只能在枯燥和萎靡不振中度过余后的生活。

洛伦兹·弗尔教授是一位知名学者，他活了85岁。他在总结自己长寿经验时说："努力工作，但任务不要太繁重；要避免忧虑和恼怒，尽可能以和你的性情相符的方式来生活，充分利用上天赋予你的才能；尽量不要生活在太大的压力之下；面对金钱和健康，要合理选择；一日三餐，要进食水果、蔬菜、谷类、鸡蛋和牛奶；从一开始就要成为严格的戒酒、戒烟者，并且要终生保持这一好习惯；要进行有规律的日常锻炼；保持清洁是神圣的；不要喝浓咖啡或者浓茶；感到疲倦想睡觉时就睡觉，每人每星期至少有一天用来休息。如果你做到了上述这些，十之八九你会长寿。"

很少有人意识到，自己身上的小病有着很大的自我暗示作用。时间一长，就会形成坏习惯，好像自己总是不舒服。如果谁早晨起床有点头痛或其他小毛病时，不是立即想办法克服或采取积极的心态面对，不是去户外走走，呼吸新鲜空气，摆脱消极情绪，而是不厌其烦地向别人诉说，或者赶紧吃头痛药或其他特效药，这种做法只会使自己真的觉得生病了。

于是开始自怜起来，在不知不觉间，一个或有或无的小症状被自己夸大了，甚至主宰了整个思想，以为自己得了什么大病。这样一天的工作也就无法做下去。心态如此不积极，又怎会有一个健康的身体呢？

人是一种惰性十足的动物，或多或少，都易于放松自己。年轻人常感到自己很累或不舒服，习惯于懒洋洋地躺在沙发上，这是世界上最容易、最简单的事情。许多所谓的“无能为力”，只是懒惰的借口，这从孩童时代就已经形成，并一直伴随着我们的成长。

总之，拥有健康，才能获得人生的成功。所以，在健康方面，请远离懒惰，不要将其当作借口。在竞争激烈的现代社会，各种压力包围着我们，如果没有一个健康的身体，如何能承受巨大的压力，又如何能做好工作，好好生活，取得事业上的成功呢？因此，保持一个健康的好身体，让工作更高效，生活更美好。

◎ 生活的态度很重要

无论是事业还是生活，人的态度都是非常重要的。一般来说，精神乐观、积极上进的人，不管做什么事都精力十足、神情专一、心情舒畅，能够自己创造机会、把握机会，能够把工作作出好的结果。正是因为具备了良好的心态、愉悦乐观的精神、充分的生活热忱，很多人在单调无趣的工作中作出激情洋溢的伟人事业。

有一位母亲带着两个女儿相依为命，过着简单而平静的生活。后来，母亲病倒了，家里的经济状况开始恶化。这时候，大女儿决定去找工作，以维持家里的基本开销。

她听说离家不远的地方有一片森林，里面充满着幸运。她决定去碰碰运气。如人们传说的那样，她也很幸运。当她在森林中迷失方向、饥寒交迫的时候，抬眼一看，她已经来到一间小屋的门前。

一进门，她就大吃一惊，因为她看到了杯盘狼藉、满地灰尘的场面。大女儿是一个喜欢干净的姑娘，等她的手一暖和过来，她就开始整理房子。她洗了盘子，整理了床，擦了地。

过一会儿，12个她从来没有见过的小矮人走了进来。他们对屋里焕然一新的环境十分惊讶。小女孩告诉他们，这一切都是她做的。她妈妈病了，她出来找工作，想在这里歇歇脚。

小矮人们非常感激。他们告诉她，他们的仙女保姆去度假了。由

于保姆不在，房子变得又脏又乱。现在他们需要一个临时保姆。听到这个消息，大女儿高兴极了，她马上表示愿意当他们的临时保姆。工作生涯开始了。

第二天，她早早地起床，给主人们做早餐，打扫屋子，准备晚餐，手脚勤快，工作又认真。第三天、第四天也是如此。

到了第五天的时候，她透过厨房的窗子看到了美丽的森林风景。她想自从来到这里，还没有见过白天森林的景色。于是决定出去看看。

对于大女儿来说，一切都是那么新奇。她在外面玩了整整两个小时。回到屋里的时候，太阳已经快落山了。她急急忙忙地跑过去整理床铺、洗盘子，准备晚饭，还有就是必须要打扫地毯下面的灰尘。但由于时间太短，她决定不打扫地毯下面的灰尘了。她觉得不打扫也没有关系。

小矮人回来后，一如往常。

又过了一天，大女儿又跑出去玩，又没有打扫地毯下的灰尘。因为她打算每周清理一次灰尘。

又过了5天，小矮人也没有说些什么，用过晚餐，他们聚在一起打扑克。其中，有一位小矮人丢了一张牌，他们到处寻找都没有找到。这时候有一位小矮人开玩笑地说："说不定那张牌钻到地毯下面去了。"当他们揭开地毯，看见了灰尘满地的地板。

结果，大女儿丢掉了这份工作，离开了森林，开始寻找下一份工作。在深深的懊悔中，她开始明白：就算机会垂青，工作机遇降临身边，也要付出责任心，百分之百地完成工作。这样才算是真正地掌握

了机会，利用好机会。

有什么样的态度，就会有什么样的人生。

他一生下来就什么也看不见，为了生存，他便继承了父亲的职业——种花。

但他从来不知道花的样子和颜色，别人说花是娇艳美丽、五彩缤纷的，但是他也想象不出，于是他一有空就用指尖去轻轻地触摸花朵，然后用鼻尖小心地嗅一嗅花香。他用自己的心灵去感觉鲜花，在心底画出了花的娇态，并给不同香味的花添上不同的色彩。

他比普通人更加爱花，每天都定时给花浇水，每隔一段时间又定时拔草除虫。下雨替花打伞，天晴替花遮阳……很多人都对他的举动感到奇怪，值得对一些花那么百般爱护吗？

不过，他的花确实是城里长得最好的，满园的牡丹、玫瑰、风信子……五彩斑斓，旺盛得惹人怜爱，从这儿过的人老远就能闻到一股醉人的花香。

盲人对鲜花付出了自己的热爱和心血，鲜花也就长得分外娇艳。可见，不管是谁，只要真心喜爱自己的事业，为之全心全意地付出热忱，他就一定能作出骄人的成绩。

在生活中，有些人厌恶工作，愤世嫉俗，做事拖沓散漫；而有些人则乐观向上，干劲十足，精神专一，善于自己创造机会、把握机会。任何一个老板都会对办事勤恳、专一的员工信任有加。每一次提升都会给他们以莫大的鼓舞，而员工乐观积极的心态也会感染老板，因为他们知道，下属正在尽心尽力地帮助自己。而在消极怠工的员工

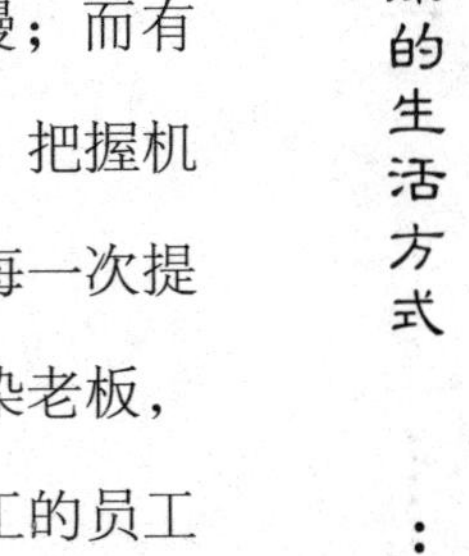

的影响下，上司也会抱一种随遇而安的心理对待工作。当然，对于善待工作的员工，领导也会格外善待他。

一个人是否喜爱他的工作，这可以从他的外在表现看出来。如果他很投入，那他的自发性和创造性将会充分发挥出来，并表现得相当专注和谨慎。那些以应付工作为能力的人，是无论如何都不会有这些表现的。

因此，端正你的态度，好好生活，好好工作，你的一切才会更好。

◎ 时间有限，但生命不止

生活是无情的，生命是残酷的。所以，你务必尽早选定人生的方向，避免误入歧途。但是，生活中有太多人奔走在追寻爱、健康和财富这三件东西上，但由于总是南辕北辙地在“外在世界”中寻找，结果总是无功而返。对于这些人，我们深感惋惜，但是又无可奈何。

有相当多的人仿佛是匆匆上路，从黎明开始，他们就不幸地走上一条方向有误的道路，及至黄昏，才发现离开正道已经太远，要想在天黑前赶回去，已经渺无希望。

几个学生向苏格拉底请教时间的真谛。

苏格拉底把他们带到果林边，对他们说：“你们各顺着一行果树，从林子这头走到那头，每人摘一个自己认为最大、最好的果子。不许走回头路，不许作第二次选择。”

学生们出发了。他们都十分认真地进行着选择。等他们到达果林的另一端时，老师已站在那里等候着他们。

苏格拉底问：“你们都选择到自己满意的果子了吗？”

一个学生请求说：“老师，让我再选择一次吧！我走进果林时，就发现了一个很大、很好的果子，但是，我还想找一个更大、更好的。当我走到林子的尽头后，才发现第一次看见的果子，就是最大的、最好的。”

其他学生也请求再选择一次。

苏格拉底摇了摇头说：“孩子们，没有第二次选择，人生就是如此。”

生命的真谛之一——没有第二次选择。生命只有一次，你不能选择重新来过。一切都必须从当下做起。这是我们惟一的选择，没有捷径可言。

莎士比亚也说：“时间是无声的脚步，不会因为我们有许多事情要处理，而有片刻停留。”

其实，人生的秘密，尽在时间，在于时间的魔术和骗术，也在于时间的真相和实质。时间把种种妙趣赐给人生：回忆，幻想，希望，遗忘……人生本身时刻依赖时间，但时间本身，又是不折不扣的虚无，是绝对的重复，是永远的虚幻。

在遥远的古代印度，有一个国王，他的国家广阔而强盛。他得到一个美若天仙的女子作为王妃，两人相亲相爱。然而，好景不长，不久后，他的宠妃得了绝症，就连全国最好的医生也感到束手无策。最终，宠妃香消玉殒。

悲痛欲绝的国王为爱妃举行了盛大的葬礼，用所能找到的最好的木材，用最好的工匠为爱妃做了棺椁。为了能日日见到爱妃，国王下令，把棺椁放在王宫旁的大殿里，一有时间就来此陪伴爱妃，回忆过去的美好时光。

时日久了，国王觉得大殿周围的景色单调贫乏，不配爱妃的容颜，于是，在周围修建花园，从全国各地搜寻奇花异草。花园建成

后，觉得还缺些什么，又引恒河水，建成了一个美妙绝伦的人工湖。湖建成后，又修造亭台楼阁。后来，又请来一流的雕刻师制作精美的雕塑……总之，国王总不满意这个园林，一直不断地扩充和完善。

一直到暮年之时，他还在苦苦思索，怎样让这座绝世园林更加完美。

有一天，他的目光落在爱妃的棺椁上，觉着它停在这样的园子中很不协调，于是就挥了挥手说："把它搬出去吧！"

时间可以抹杀一段真爱，时间也能改变一颗心，时间能改变一切!

美好的过去固然珍贵，但不能用它来束缚今天的行动。每天早晨睁开眼睛，我们真正能掌握的，惟有今天而已。谁也无法将一只脚遗留在过去，也无法单靠一只脚，便踏入未来。

哲学家伏尔泰问："世界上，什么东西是最长的，而又是最短的；是最快的，而又是最慢的；是最易分割的，而又是最广大的；是最不受重视的，而又是最受惋惜的；没有它，什么事情都做不成；它使一切渺小的东西归于消灭，使一切伟大的事物生命不绝？"

智者查帝格回答："世界上最长的东西，莫过于时间，因为它永无穷尽；最短的东西，也莫过于时间，因为人们所有的计划都来不及完成；在等待着的人看来，时间是最慢的；在作乐的人看来，时间是最快的；时间可以扩展到无穷大，也可以分割到无穷小；当时，谁都不重视，过后，谁都表示惋惜；没有时间，什么事都做不成；不值得后世纪念的，时间会把它冲走，而凡属伟大的，时间则把它们凝固起来，永垂不朽。"

时间能够安慰人心，时间带来无数的改变。它使得各种色彩，不断进入我们的眼帘，使得各种声音，纷纷袭入我们的耳鼓。时间使我们的思想恢复镇定与弹性，使我们忘却生活带来的打击。时间总会带来新的希望、新的爱情。

时间有限，但是生命不止。我们要在有限的时间里选择一种让自己可以活得更久的生活方式。我们要善加利用时间，珍惜生命，珍惜我们身边拥有的一切，因为时间和生命都容不得我们作出二次选择，我们惟一的选择就是努力做好当下。

◎ 生活需要追求完美

我们都喜欢照镜子，但是，根据科学家们的观察，他们发现女孩子照镜子和男孩子照镜子时的感觉并不一样。男孩在镜子面前自我欣赏，而女孩子关心的则是从镜子里看看别人眼中的“我”是什么样的。虽然出发点不同，但在关注自己这一点上却是共同的，不过有的人关注自己，却并不喜欢自己。这是为什么呢?

有一位医师曾在他的一本书中写道：“适当程度的‘自爱’对每一个正常人来说是很健康的表现。为了从事工作或达到某种目标，适度关心自己是绝对必要的。”

的确如此，人要想活得健康、成熟，“喜欢自己”是必要条件之一。从心理学的角度来说，这并不是指充满私欲的自我满足，而是意味着自我接受自己的本来面目，并伴以自重和人性的尊严。除非我们确实喜欢自己，否则我们无法喜欢别人。

喜欢自己，同喜欢别人一样重要。

事实上，并不是缺点使我们的演讲、艺术作品或个人性格显得失败。莎士比亚的戏剧里有许多历史和地理的错误；狄更斯的小说也有不少过度矫情的地方。但谁会去注意这些缺点呢？这些作品都闪耀着不朽的光辉——由于它们的优点那么显著，以至缺点都变得不重要了。你爱你的朋友，是因为他们的种种优点，而不是缺点。

把注意力放在自身好的品质上，培养优点，克服弱点，如此才能不断进步，并自我实现。当然，我们也会随时改正错误，却不必一直放在心上。每当我们犯错误的时候，我们的心灵常常因为罪恶感，再加上过往和现在所犯的种种过错，而显得自惭形秽，我们开始讨厌这样的自己。为了让自己跳出这样的情景，我们必须把过去种种埋葬掉，重新出发。

无论何时，你一旦出现那些“逃避”的用语，马上大声纠正自己。把“那就是我”改成“那是以前的我”；把“我没办法”改成“如果我努力，我就能改变”；把“我怎样怎样”均可改为“我选择怎样怎样”；此时，你是否好像感觉自己已经抓住了车子的方向盘，同时完全掌握了车子的正确操作；车子开动后照着你的意思前进后退，往左往右，其实从你下车到再度使用车子为止，所运用的道理和方法都是一样的。

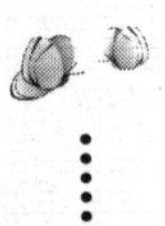

我们要做到上面的道理所说的那样，就要让肉体来顺从你的意志，而不是让肉体来役使你。精神应该是肉体的主人，肉体只是扶持精神的，每一个人都应该有这种认识。能够自我支配的人，绝对不会有如下的想法“我没有办法做这件事”，因为如果他自己认为做得到，就一定可以做到。

当然，我们只有先了解自己的优缺点，使消极面减少，让积极面扩大，我们才能支配自己。

现在，拿出一张纸和笔，在纸的中央划一道线，把所有的消极特质，也就是自己应该努力减少到最低程度或完全消灭的特质，一一列

举出来。例如，你胆怯或懦弱，或者容易烦恼，或有某种不良的习惯及嗜好等，写在纸的一侧。

把自认为好的一面写在纸的另一边，如温和的脾气、性格，又如“凡事往好处想”。

其真正的用意，并不在堆列所有好的和坏的特质，而是要把自己的形象活生生地勾画出来。

观察勾画出来的自我形象，你可能会发现新的事实，你并不是一个十分没用的人，虽然有许多不太好的特质，但是那些都在积极面的项目中充分地抵消掉。

克服消极倾向，不要想在短短的一个晚上出现奇迹。可能你到达现在的地位，已经花费了好几年时间。所以，你应该觉悟，要改变这种局面，需要再花一段时间。

仔细地考虑，应该先从哪个消极面着手，不要一开始就选择立即可以完成的项目；也许有些人能一次就全部完成，如果没有这种自信，不妨先选择其中几种试试看。

一定要坚持到底，直到完全胜利，千万不要中途退缩。为了获得支配自己的意识，须常常反复提醒自己：“我是自己思考和行为的主人，我的未来由自己来创造。或许以后我会成就非凡，因为我对未来充满了健康、乐观和幸福的憧憬，所以我……”

当你在心里默念这些话的时候，你就可能发现一种不可思议的力量。你就会不断激励自己：不要做一个困兽，要冲出自制的樊笼，作一只翱翔的飞鹰，在宽广的天空划过，留下飞翔的痕迹！

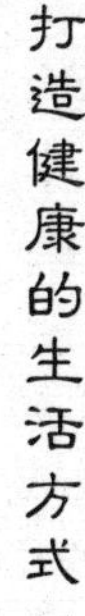

◎ 平淡中体会生活的幸福

我认为，人要想体会到生活的幸福，就一定要过好平常普通的日子。从最简单、最烦琐的柴米油盐酱醋茶中体会生活，感悟生活，你才会知道什么是真正的快乐。没有把平常日子过好的人，不会品味到人生的幸福；没有珍惜平常的人，不会创造出惊天动地的伟业，因为平常包容着一切，孕育着一切。

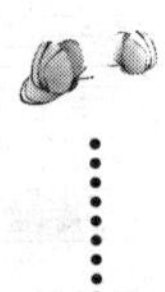

一个人可以选择过平常的生活，也可以选择不过平常的生活，我们有这个权利，而且这也是由我们的心境决定和影响的。一旦你选择了平常的生活，即意味着日常生活中，俯拾都是机会。每一次经验都是全新的开始，可用不同的想法和感觉去体会。面对生活中接连不断的种种挑战，在取得主动的地位后，便能迅速地决定应对的方式和策略，然后镇定自若地调兵遣将。

人类的伟大在于生命永不休止的渴望和追求，历史的嬗变在于千百万创造历史的人们永无休止地劳作。生命是一个过程，而生活是一条舟。当我们驾着生活的小舟在生命这条河中款款漂流时，我们的生命乐趣，既来自于与惊涛骇浪的奋勇搏击，也来自于对细水微澜的默默寻思；既来自于对伟岸高山的深深敬仰，也来自于对草地低谷的切切爱怜。所以，我们平常的生命、平常的生活一经升华，就会变得不那么平常起来。因为生命和生活是美丽的，这种美丽，恰恰蛰伏于

最容易被我们忽略的平平常常之中。

下面，我为大家讲述一个真实的故事：

有一个不怎么出名的作家，早年在家乡一所农村中学教语文，业余时间给报刊写点小文章，老婆做点小生意，日子过得虽不算十分富足，却也清静自在。

他觉得城里人的生活是非常滋润的，所以非常羡慕，于是，他放弃了家乡的工作，带着老婆孩子来到了广州。老婆租了个摊位继续做她的小生意，他没有找到接收单位，就做了一个自由撰稿人。

他们初到广州，没有房子，只能租房住，广州房租很贵，为了节省开支，就不能考虑太多环境因素。他们住的楼下是一家工厂，每天各种机器设备发出的噪音，吵得他不得安宁。夜里睡不好，白天脑袋昏昏沉沉像灌了浆糊，有时一连几天也无法写出一篇文章。他为此很苦恼，却又无可奈何。

就这样，苦熬硬撑了几年，他终于挣了一些钱，于是向银行贷款按揭买了房子。

但是令人苦恼的是，新房子的情况更糟糕：楼上那户人家常常夜里不睡觉，杂乱的脚步声，搬动桌椅子的声音，还有各种东西掉在地上的声音……来自外面的干扰还可以靠关死门窗抵挡一阵，而头顶的骚扰却让他无处可逃。

他去找那家说过这个问题，但是情况依旧糟糕。他也找过小区的管理处，但是也无济于事；最后他实在无计可施，于是向法院投诉，但却因为没法取证而搁浅了。那段时间，他憋了一肚子气，人整整瘦

了一圈，而他笔耕的园子里又几乎颗粒无收。

终于他忍无可忍了，于是就把那套房子卖了，另外买了一套顶层的房子。一买一卖之间赔了好几万，把几年的积蓄全都搭进去了。然而，顶层的房子也没有给他带来好运，刚住进去不久，广州就开始到处建设高架立交路，一条高架路就从他的窗下经过，于是轰轰隆隆的车声便日夜不停，排山倒海，雷霆万钧……

他发现，要想安静，除非买别墅。而买别墅要一大笔钱，他又开始了为房子进行新一轮拼搏。可是，那笔钱“八”字还没有一撇，他就病倒了。过了一段时间，城市的一切都让他们觉得生活得好难过，最后实在是撑不下去了，他又带着老婆孩子回到农村老家……

朋友去乡下看他，他坐在自家的小院里喝茶、看报，一副悠闲自在的样子。院子里除了屋檐下有几只麻雀在叽叽喳喳低语呢喃之外，几乎听不到任何噪音。空气清清爽爽的，不时有一阵淡淡的花香飘来。而他的气色和精神明显好多了。朋友和他喝茶聊天，问他准备什么时候回广州？他说：“不回去了。”

朋友大感意外：“你走的时候跟我说过，等身体养好了就回来的，怎么突然改变主意了呢？”他说：“原来是那么想的，等在广州挣够了钱，再找一个清静的地方过日子。但这幸福太昂贵，我付不起这个代价。现在回过头来看，当初花了那么多时间、那么多力气，去追求自己梦想的东西其实早就在我的身边了——这是一种最便宜的，却又是实实在在、触手可及的幸福。”

既然我们已经追求的东西早已经在我们的身边了，我们就要认识

到平常事物是生命和生活的主体，珍惜平常事物对我们来说就显得格外重要。当我们以一种极为珍惜的感情去平平常常地生活时，就不免意外地发现：平淡无奇的深处也蛰伏着惊人的美丽。那披着灿烂云霞的黎明，那熙熙攘攘的自行车流，那提篮买菜时听到的大场吆喝，那厨房的锅碗盆瓢的交响曲，那如羽毛般洁白的流云，那流云般灿烂的花朵，那花朵般迷人的少女，无不令人怦然心动。至于人与人之间在平常中的无数交流，默契理解，如真诚的问候、陌生的微笑、困难时的微薄相助、胜利时的欢乐共振，也无不令你感泣陶醉。

一位国外知名作家在失去自由、隐居一年之后，有人问他最想念什么，他深有感触地回答：“我想念的是平常的生活：在街上散步，到书店里从容浏览书籍，到杂货店里买东西，到电影院看一场电影……我想念的只是这些平常的小事情，你有这些事情可做时，认为一点也不重要。当你不能做的时候，才知道那是生命中的要素，是真正的生命。取消这些事情，是最大的剥夺。”这段表白，真是再朴素不过地阐述了平常的价值。

平常之所以值得珍惜，既是因为它存在于现实之间，每个人都毫无例外地拥有，又是因为它深潜着理想基因，并非每个人都能发掘。而且一旦失去之后，它就会显示出惊人的价值和增值的能力。所以，请珍惜你现在感觉平淡的生活，因为幸福就在其中，要慢慢体会。

◎ 从容地享受生活

如果将平常人与那些叱咤风云的伟人相比，如果将平常的事与惊天动地的业绩相比，那必定会让平常之人的平常之事显得平淡无奇。但是，平常才是生命的主体，也是生活的主体。就绝大多数人而言，终生作为平常之人，拥有平淡无奇的生命；就绝大多数职业来说，永远只为平常之事，拥有平淡无奇的记录。即使在灿烂多彩的社会生活中，那种波澜壮阔的英雄之势，惊心动魄的历史事件，毕竟也只在很少的时候出现。所以，平常的才是永恒的，平常的才是最值得珍视和享受的。

在大多数时候，社会的脚步也只是悄无声息地移动，犹如一条平淡无奇的河流。所以，对于生命主体和生活主体的蔑视甚至否定，实质上就是对生命和生活本身的蔑视和否定，而蔑视和否定生命和生活的本身，就会陷入一种无所作为的“怪圈”，使生命的意义和生活的情趣荡然消失，应该说，这确实是我们生命的一大误区和一道凋残的败景。

世间最宝贵的就是生命，它是万物之源，是我们得以存在的根本。俗话说，留得青山在，不怕没柴烧。对于我们人而言，只要有生命尚存，一切皆有可能。但如果失去了生命，一切的一切也就变得毫无意义，因为人已经不能再拥有它了。所以，生命是比一切都更有实

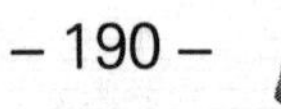

际意义的东西。我们要珍惜生命、热爱生命，这样才能有机会获得一切美好的事物。话又说回来，只有懂得珍视生命的人，才会懂得珍惜他身边拥有的一切，包括最平常的生活。

有一个英国的富翁，无儿无女，在一次大生意中亏光了所有的钱，并且欠下了巨额的债。为此，他卖掉了房子、汽车，还清了所有的债务。此时的他，孤独一人，穷困潦倒，唯有一只心爱的猎狗和一本书与他相依为命，如影随形。

在一个大雪纷飞的夜晚，他来到一座荒僻的村庄，找到一个避风的茅棚。他看到里面有一盏油灯，于是用身上仅存的一根火柴点燃了油灯，拿出书来准备读书。但是，一阵风忽然把灯吹熄了，四周立刻漆黑一片。

一时间，这位孤独的老人陷入了无限的黑暗之中，对人生感到痛彻的绝望，他甚至想到了结束自己的生命。但是，立在身边的猎狗给了他一丝慰藉，他无奈地叹了一口气，然后沉沉睡去。

第二天醒来，他发现心爱的猎狗被人杀死在门外。他抚摸着这只相依为命的猎狗，发现这世界上再也没有什么值得留恋的东西了，他决定要结束自己的生命。在即将告别这个世界的最后一刻，他扫视了一眼周围的一切。这时，他发现整个村庄都沉寂在一片可怕的寂静之中。他不由得急步出门，啊，太可怕了，尸体，到处是尸体，一片狼藉。显然，这个村庄昨夜遭到了匪徒的洗劫，整个村庄一个活口也没留下来。

看到这可怕的场面，老人不由心念急转——我是这里惟一幸存的

人，我一定要坚强地活下去。

就在这时，一轮红日冉冉升起，整个世界都被照得一片光亮。老人想：我是这个村庄里惟一的幸存者，我没有理由不珍惜自己的生命，虽然我失去了心爱的猎狗，但是我得到了生命，这才是人生最宝贵的。于是，老人怀着坚定的信念，迎着灿烂的太阳，向着远方出发了。

一个人，即使在一夜之间失去了他曾经辛苦得到的一切，但只要有一颗宽广的胸襟和热爱生命的心灵，他仍然可以笑对困难，勇敢生活，仍然可以享受清风明月，欣赏朝花春露，品尝一汤一饭，尽享天伦之乐。因为只要生命尚存，真心未泯，我们会在生活的每一个片段中感受到幸福和快乐。

从前，在迪河河畔住着一个磨坊主，据说他是英格兰最快乐的人。

他是一个非常勤劳的人，每天从早到晚总是忙忙碌碌，繁忙间，他也不忘记像云雀一样快活地歌唱。在外人看来，他是那样的乐观，那样的潇洒，人们都非常羡慕他的生活方式，于是其他人也都跟着他变得乐观起来。渐渐地，国王听说了他。

国王说："我要去找这个奇怪的磨坊主谈谈。也许他会告诉我怎样才能快乐。"

他一迈进磨坊，就听到磨坊主在唱："我不羡慕任何人，不，不羡慕，因为我要多快活就有多快活。"

国王说："我的朋友，我羡慕你，只要我能像你那样无忧无虑，我愿意和你换个位置。"

磨坊主笑了，给国王鞠了一躬后说道："我肯定不和您调换位

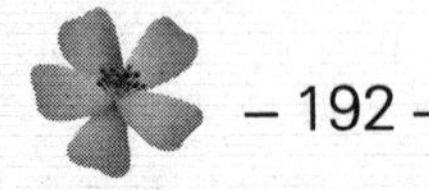

置，国王陛下。”

国王说：“那么你告诉我，是什么使你在这个满是灰尘的磨坊里如此高兴快活呢？为什么我身为国王，每天都忧心忡忡、烦闷苦恼？”

磨坊主又笑了，说道：“我无法解释你为什么忧郁，但是我可以简单地告诉你我为什么高兴。我自食其力，我爱我的妻子和孩子，我爱我的朋友们，他们也爱我。我不欠任何人的钱。我为什么不应当快活呢？这里有条河，每天它使我的磨坊运转，磨坊把谷物磨成面，养育我的妻子、孩子和我。”

国王说：“不要再说了。我羡慕你，你这顶落满灰尘的帽子比我这顶金冠更值钱。你的磨坊给你带来的要比我的王国给我带来的还多。如果有更多的人像你这样，这个世界该是多么美好！”

每个人都可以获得快乐，而获得快乐的方式有很多种。每个人享受快乐生活的感觉也是不一样的。对于平常人来说，秋高气爽的日子，登高远眺是一种快乐，海边观潮也是一种快乐；细雨绵绵的日子，撑伞漫行是一种快乐；热闹时，疯狂舞动是一种快乐；冷落时，悄然独处也是一种快乐……

快乐是无处不存的，它对我们每个人都是公平的。但在生活中，却实在有许多人感受不到快乐的存在，他们不知道自己活着的意义，看不到平常生活中的幸福和美好。

很多男人傲视群雄，女人则梦想倾倒众生。对于他们来说，平平常常、实实在在地活着没有任何意义。他们在付出或者即将付出的

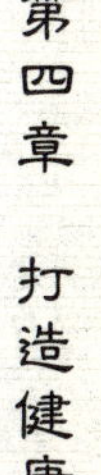

同时，想到更多的是社会的认可和回报。当“熙熙攘攘，皆为利来”成为社会的流行病时，人们已逐渐成为欲望的奴隶。说着言不由衷的话，做着身不由己的事，内心在希望与失落的煎熬中苦苦挣扎。于是，再也看不见日落西山的万道霞光，风拂杨柳时的似水柔情变得无滋无味了。人们在追寻快乐的征途上渐渐迷失，最终置身于痛苦的深渊而无力自拔！

人需要有一个好的心态。

一个人，无论聪明愚笨，都会有得失成败，谁都不可能只享受成功的喜悦，而不遭受失败的痛苦，只有在得失成败之间保持好的心态，才会摆脱得意的狂妄自大和失意时的萎靡不振。拥有一个好的心态，把自己置于百姓们平淡如水的衣食住行中，才可以在司空见惯的日子里一点点感悟人间真情，在默默付出的同时，获得精神的满足和幸福之感。

获得快乐需要我们有一个好的心态，所以，让我们在祥和宁静的心境里为快乐建造一个温暖的家。

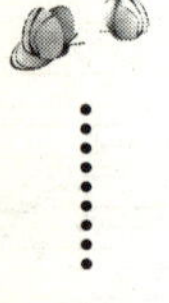

◎ 生活的态度决定一切

生活中，无论面对什么样的变化，我们都应该时刻保持一种宠辱不惊的平常心态，能够泰然处之。也就是说，我们要想活得好，就要心态好。

生活的态度决定一切，你用什么样的态度对待生活，生活就以什么样的态度对你。你消极，生活就会黯淡；你积极向上，生活就会给你许多快乐。

但是，我们都知道，每个人所选择的生活态度是不同的。在生活中，我们随处都能看到一些消极的人，他们愁眉苦脸、垂头丧气、彷徨、无所事事；他们怨天尤人，感到前途无望，生不逢时。其实，是他们错怪了生活。生活给予每个人的都是平等的，并不是生活不给他们机会，而是他们根本没有去争取。人生充满了选择，有什么样的想法，就有什么样的生活。你想积极乐观，生活自会主动配合，可是如果你想悲观消极，生活又能奈何你?

有一对孪生兄弟，其中一个过分乐观，而另一个则过分悲观。一天，父亲要对他们作“性格改造”，他给悲观孩子买了许多色泽鲜艳的新玩具，又把乐观孩子送进了一间堆满马粪的车房里。

第二天清晨，父亲看到悲观孩子泣不成声，便问：“为什么不玩那些玩具呢？”

"玩了就会坏。"孩子哭泣不止。

父亲叹了口气，走进车房，却发现那乐观孩子正兴高采烈地在马粪里掏着什么。

"告诉你，爸爸。我觉得粪堆里一定还藏着一匹小马！"孩子得意洋洋地笑着。

从这个小故事中我们可以看出，乐观者与悲观者之间的差别是很有趣的：乐观者在每次危难中都看到了机会，而悲观的人在每个机会中都看到了危难。乐观者看到的是油炸圈饼，悲观者看到的是圈饼中间的窟窿。

但是，这个小小的差别却有着不同凡响的意义——它决定你将以什么样的态度来对待你的生活，来对待你的成功和失败！毕竟，你只有拥有乐观的态度，才能帮助你走出挫败，走向成功。

换言之，我们如何思考某一客观事实，对其有什么样的看法，就会得到什么样的结果。虽然对事物的看法没有绝对的对错之分，但是有消极和积极之分，每一个人都要为自己的看法承担结果。消极思维的人对事物总能找到消极的理由，最终得以消极的结果。积极思维的人对事物永远都能找到积极的解释，然后寻求积极的解决办法，最终也能得到积极的结果。

有一个餐厅经理，他是一个笑口常开的人，无论是餐厅的工作人员，还是光临餐厅的客人，每个人都羡慕他的这种生活方式。有人问他近况如何时，他总是回答说："我快乐无比。"

如果哪个工作人员心情不好，他就会告诉对方要积极乐观一点。

他说："每天早上一觉醒来时，我就会告诉自己，今天有两种选择：一种是心情愉快，一种是心烦闷，我选择心情愉快。每当有坏事情发生后，我可以选择悲痛，也可以选择从中吸取经验教训，我选择后者。人生也是选择，你选择怎样的生活，你就会拥有怎样的生活。"是的，他说得很有道理，开心也是一天，不开心也是一天，我们为什么不开心地过好每一天呢？

有一次，餐厅忘了关门，有三个持枪的来抢劫，他上前阻拦，结果头部被击了一枪。他很快被送进医院，因为抢救及时，他脱离了危险，只是头上留下了一个伤疤。

一个星期后，有一位朋友来看他，并问他近况如何。他说："我快乐无比，想不想看看我的伤疤？"朋友看一下伤疤，然后问他当时他想了些什么。他说："当我躺在地上时，我对自己说有两个选择：一是死，一是活。我选择了活。当医护人员为我动手术时，问我有没有对什么东西过敏，我深深地吸了一口气，然后大声吼道：'子弹！'我的话把所有的医生、护士都逗笑了，他们告诉我会好的。你看，我真的活了下来。"

因为这个餐厅经理有一种积极的心态，所以他能乐观地面对生活中的一切磨难，甚至是死亡。

在日常生活中，人们经常会遇到各种麻烦和困扰：工作不称心，事情处理不公平，经济条件不宽裕，健康欠佳，期望中的事情落空，好心未得好报，受冤枉、挨批评，等等。如果能正确地对待生活，保持一颗积极的心态，就会想得开，看得开，心胸也就会豁达，能克服

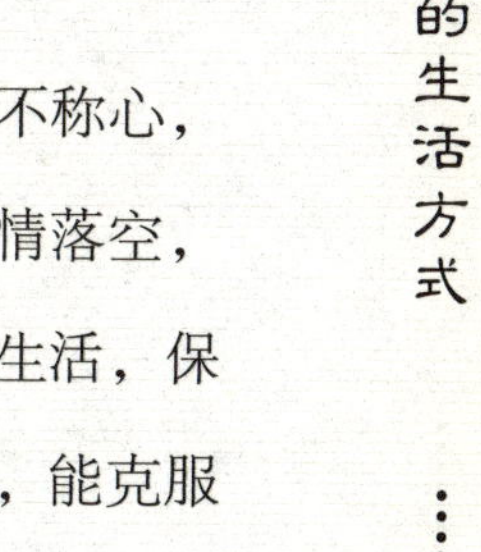

以上所提到的困难，便能快乐地生活。相反，如果用消极的心态去看问题，就会产生一种失落、无奈、困惑之感，对自己的未来失去信心，从而处于牢骚满腹的心理状况，生活就会黯然无光。

虽然生活是变化无常的，但是人的心理状态具有一种神秘的力量，可以决定生活中的一切。如果你积极乐观，想的都是快乐事情，你就有可能获得快乐；如果你悲观消极，想的都是悲伤的事情，你就会情绪低落；如果你想到一些可怕的情况，你就会害怕；如果你想的都是失败，你就会失败。有什么样的心态，就可能会承受什么样的结果。所以，如果你想高兴开心地过好每一天，那么你要学会积极的心态来指挥你的思想，面对你的生活。

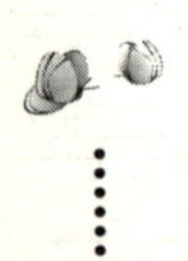

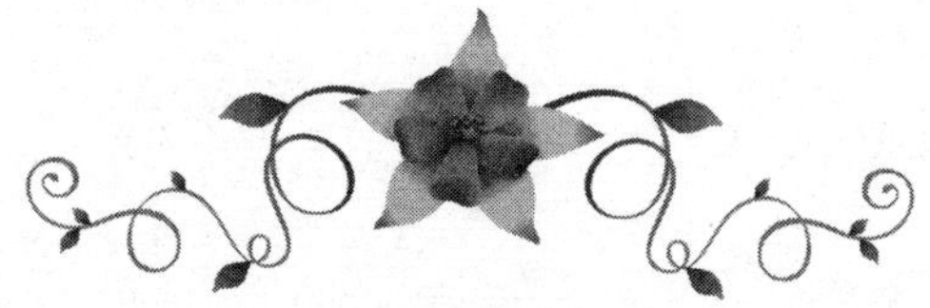

第五章 善待生命与爱

在我们的内心世界里，有些界限是不容许他人逾越的，一旦逾越了这个界限，人们就会对他产生自我防备。这正好适应了“距离产生美”这句俗话。人与人之间需要适当地保持距离，为彼此的心灵留下一点空间，这样才能平衡人际间交往。距离太远或者太近，都容易导致人际关系不平衡。

◎ 热爱生命

对于平常百姓来说，珍惜生命，让自己好好地活下去，就是一种幸福。当我们站在野草丛生的墓地前，俯视那些长眠于墓中的逝者，静谧而忧伤的环境或许能给你带来一些启示。很多时候，生命烛火的熄灭就像踩死一只蚂蚁一样容易。对于那些已经逝去的人，我们除了回忆他们的聪明才智，成就贡献以外，更多的就是叹息：如果他们依然活着该有多好！

拥有生命，就可能会拥有一切，无论遇到什么问题，只要生命不止，就会想到解决的办法。如果我们这样想，便会觉得活着是一种美丽，是一种幸福，便会觉得生命中的每一分钟、每一秒都充满意义，值得庆贺。然而，我们也不得不面对这样一个事实：生命是脆弱的。所以，我们一定要珍爱生命，用我们活着的权利去享受幸福！

也许没有人可以说得清到底什么是生命，也没有人知道生命的力量究竟有多大，我们惟一知道的就是生命是脆弱的，是值得珍惜和善待的！人生七十古来稀，三分之一要睡去。可见，人的一生，只有短短几十年，而且在这几十年中，不是所有人都可以平安幸福地度过，有的人要遭受种种的磨难，很可能一瞬间一切都化为乌有。我们的生命就犹如脆弱的玻璃，需要细心对待。稍不留心，就可能会支离破碎，难以复原。

生命是可贵的，我们必须要学会珍惜。

罗女士在一家保险公司工作。去年年底，罗女士生第二个孩子的时候，因早产而大出血险些送命。当她与死神擦肩而过，在病床上苏醒过来时，她领悟到生命的可贵、生活的价值。她对亲人说：“佛珠上那些发亮的珠子有的是幸福和快乐，有的是不幸福和不快乐，有的是不幸和痛苦，人的一生就是这样一颗一颗数过去的……每当我遇到不顺心的事，我总是在心里大声对自己说：‘这就是生活！’当我在地狱门前徘徊的时候，我是多么渴望能回到生活里来！”

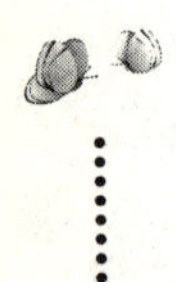

由此可见，与死神进行过搏斗的人，更知道生命的可贵，也更知道活着的幸福和快乐。而那些人从来也不思考的人不会去在意自己的生命。在报纸上，我们经常可以看到各种自杀的新闻，而且尤其以年轻人居多，还没有开放的花就已经提早凋谢了，这留给人们的只能是沉痛。那些自杀的人们知不知道在他们后边还会有人哭泣呢？他们知不知道生命不是只属于自己，一个人不止为自己而活，还为了身边的人。

因为缺少对生命的珍惜和敬畏，缺少对生命的爱护和尊重，所以才会有那么多夭折的花朵。死亡是对漠视生命者的惩戒。只有我们每一个人都有了对生命的敬畏，生命才不会被漠视，生命之花才能开放。

我们的生命是宝贵又脆弱的，我们的生命只有一次，如果你不去珍惜，你将永远都无法感受生命的美好和意义。因此，爱惜你的生命，对它保持着敬畏的态度吧。只有当你能够热爱你的生命时，你才能得到随着生命将要来到你的身边的一切。

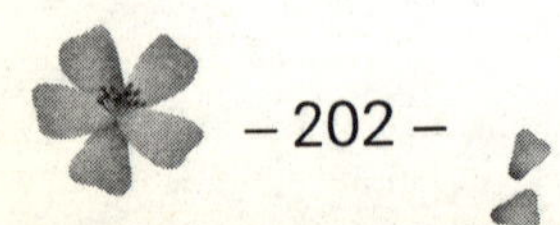

下边是汪国真的《热爱生命》，奉于大家一起欣赏：

我不去想是否能够成功
既然选择了远方
便只顾风雨兼程
我不去想能否赢得爱情
既然钟情于玫瑰
就勇敢地吐露真诚
我不去想身后会不会袭来寒风冷雨
既然目标是地平线
留给世界的只能是背影
我不去想未来是平坦还是泥泞
只要热爱生命
一切都在意料中

生命是我们一生中最宝贵的财富。我们一定要让爱为生命画上美丽的彩妆，让大家真正地感觉到生命很宝贵。热爱生命，关爱生命，对我们的生活尤为重要。

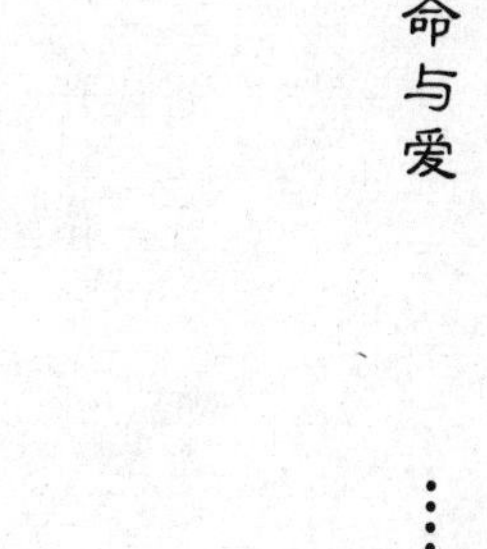

◎ 让自己的心境充满快乐

人生究竟是快乐还是不快乐，纯粹是一种习惯性的看法。我们一旦习惯看到人生的黑暗面，就会刻意去寻找黑暗的那一面而忽略光亮的一面，我们自然地就被消极的世界所包围，无法感受到快乐的存在。

你的人生会怎样，主要就看你自己怎么看，快乐悲伤都需要自己去演绎。如果你接受自己所有的缺憾，接受这份不完整的生命赐予，那么你就能快乐地生活。我觉得，一个人懂得宽恕，就更容易获得快乐。如果你带着恨意和不满，你就无法快乐。错误和失败是人生的必须课，除了你自己之外，没有人能为你承担这些。宽恕自己，宽恕他人，这样你才能获得最大的快乐。

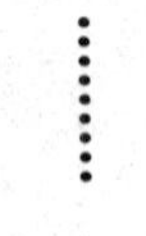

根据科学家的研究发现，身边拥有家人和朋友的人，比较快乐，而且他们的生活总是充满欢声笑语。他们不关心自己是否能跟得上富有的邻居的脚步，而且最重要的是，他们有一颗宽容的心，他们似乎可以善待所有人。

自从科学家展开对快乐的研究后，如何使人们高兴的谜底已经渐渐解开。20世纪90年代中期，《科学》杂志公布了100项关于悲伤的研究，希望能够帮助那些研究快乐的人。

宾夕法尼亚州大学的心理学家马丁·塞里曼说：“现在正在萌芽的‘积极心理学’运动正在迅速缩短悲伤和快乐研究之间的距离。

‘积极心理学’运动强调的是人们的勇气和才能，而不是弱点。”

当然，虽然塞里曼已经出版了《真正的快乐》一书，但是他和其他专家在这方面的研究目前还属于初级阶段，但他们已经开始明白为什么有的人很少感到孤单。他们追求个人成长和与别人建立亲密关系；他们以自己的标准来衡量自己，从来不管别人做什么或拥有什么。

伊利诺斯州大学的心理学家爱德·迪恩纳说：“对于快乐来说，物质主义是一种毒品。”

如果我们的生活被过多的物质限制住了，那么我们将很难得到真正的快乐。当然，并不是说没有物质就不会快乐。有很多人，即使他们是富有的物质主义者，也并没有因此感到些许快乐。

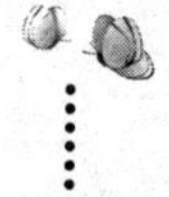

爱德说：“因为12月的节日是以家人、朋友为中心的，而那些不快乐的人在生活中，时不时地冷落了这些东西，在这个时候他们就会倍感孤单。爱德还认为，如果经常与炫富的邻居作比较，这将会是不高兴的开始。”

密歇根州大学的心理学家克里斯托夫·皮特森认为，宽容与快乐紧紧相连，他说：“宽容是所有美德中的王后，也是最难拥有的。”健康不是快乐的重要因素。

此外，还有科学家曾指出，一个人追求快乐的水平有一半是遗传的。有些人总是往好的一面看，即使他们在12月时失业了。但是有些人总是朝坏的方面看，一整年都生活在黑暗之中，他们也说不出到底是为什么。

塞里曼说，对于高兴，每个人都有自己一个“固定点”，就像人

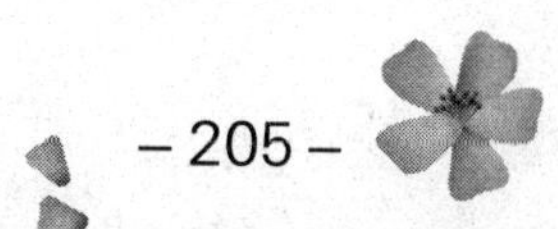

们定义的标准体重那样。人们可以放大或缩小幸福的感觉，但是他们不能过度偏离自己那个“固定点”。不仅如此，更不要去尝试预测快乐。人类是不善于预测快乐的。研究表明，人们并不十分善于预测什么将会使自己快乐。即使是快乐方面的专家塞里曼，也是如此。塞里曼说自己已经有两个孩子了，不想再要了。但是他的妻子却非常迷恋生下来的孩子，他自己也不知道为什么会这样。

说到底，其实快乐还在于我们生活中的把握。一种好的感觉并不像人们想的那样只存在于头脑中，也表现在行为上。为了实现你生命中真正的快乐，你不如尝试以下几种方法：

1.善于利用“信念的力量”

塞里曼说，每个人都有“信念的力量”，而懂得追求快乐的人就会利用它。“信念力量”会使你作出令别人感到奇怪的选择，但是你将会最终得到满足。

2.保持感激的心情

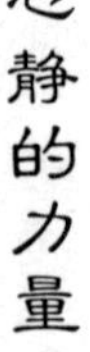

心理学家认为，感激的心情与生活满足也有很大关系。新的研究显示，把自己感激的事物说出来和写出来能够扩大一个成年人的快乐。其他研究学者指出，学会品尝，即使是很小的快乐也有同样的效果。

3.不要太在乎物质

同时，有证明显示无私的行为能够增加别人的快乐。崇尚简单的生活、反对商业主义的新美国梦想中心的主席伊丽莎白·泰勒对此丝毫不感到奇怪，她说：“即使是在假日时，也要牢记无私，我们的格

言是‘多点娱乐，少点物质’，要为别人服务。”

4.学会顺其自然

通常当人们在参加一些非常有趣的活动、达到忘我的程度时，生活的满足感就会出现。因为这时他们已经忘了时间，也忘记了一切忧愁。心理学家彻斯特把这一现象称为“顺其自然”。

彻斯特认为，在生命的流程中，人们也许正处于棘手的事件中，也许正在做脑部手术、玩乐器或者是和孩子一起解决难题。而其中的影响都是一样的：生命中许多活动的流程就是生命中的满足。你不必加快脚步到达终点，顺其自然就可以。

如果在生活中，你可以保持以上四种生活态度，那么你就可以过得舒心、快乐、幸福。无论是家的温暖、与亲人的感情，还是人际交往，以及令人向往的爱情等任何方面，只要你想做得完美，你就要有一个优质的生活观念和态度，由它来引领你走向成功的彼岸。

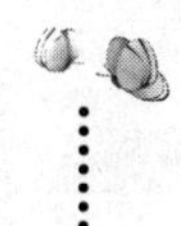

◎ 在心境中释放驿动的心

这是一个无限庞大的世界，在这里，我们不仅仅是为了生存，我们是人，我们有灵魂，有思想，我们有梦想，有渴望，我们有很多驿动的心情需要释放，我们需要在这里扬帆起航，实现自己心中所想。我们知道，在不断追求的旅途中一定有急流险滩、闪电雷鸣、暗礁、荆棘等候着我们。但是，我们也知道，人有悲欢离合，月有阴晴圆缺，我们必须学会承受那些失去和不愉快，珍惜手中的拥有。

人生，有生就有死。这是定数，没有人可以改变。万物都有定时。除了生死，人，哭有时，笑有时；相守有时，分离有时；幸福有时，失落有时；栽种有时，采摘所种之物亦有时；拆毁有时，建造有时；撕裂有时，补漏有时；静默有时，言语有时；喜爱有时，恨恶有时；战争有时，和平有时。我们就是在这样一个充满定数，但是又有很多变数的世界上生存。

生活是变化无常的，也许今天我们还拥有幸福，明天也许就面临着意想不到的灾难和风雨。现实有时候是一个无情的世界，处处充满了危机与陷阱，也许我们已经非常谨慎，但生活总是依然会给我们开一些或大或小的玩笑，让我们哭笑不得，无所适从。

那么，我们如何面对上帝给我们开的玩笑呢？是任由命运的摆弄，让上帝看我们哭泣？还是忍着眼泪告诉上帝我不怕你？有的人也

许会选择前者，因为除了哭泣别无选择，但也有人会选择后者，给上帝开个玩笑：告诉他痛苦没有什么大不了的。

我想，一个敢跟上帝开玩笑的人，一定是一个有着平常心的人，一个把任何痛苦都看得淡如云烟的人，一个豁达、自信的人。在他的生活中，他看到的永远都是自己拥有的，而不是自己没有的。

黄美廉是一位自小就得上脑性麻痹的病人。脑性麻痹夺去了她肢体的平衡感，也夺走了她发声讲话的能力。从小她就活在诸多肢体不便及众多异样的眼光中。她的成长充满了血泪。

尽管命运跟她开了一个玩笑，但是她没有让这些外在的痛苦击败她内在奋斗的精神。她昂然面对一切困难和挫折，告诉人“寰宇之力”与美，并且灿烂地“活出生命的色彩”。

她站在台上，不时地挥舞着她的双手；仰着头，脖子伸得好长好长与她尖尖的下巴扯成一条直线；她的嘴张着，眼睛眯成一条线，看着台下的学生；偶然她口中也会咿咿唔唔的，不知在说些什么。基本上她是一个不会说话的人，但是，她的听力很好，只要对方猜中或说出她的意见，她就会乐得大叫一声，伸出右手，用两个指头指着你，或者拍着手，歪歪斜斜地向你走来，送给你一张用她的画制作的明信片。

“请问黄博士”，有人问她：“你从小就长成这个样子，你是怎么看你自己的？你有没有怨恨过？”

“怎么看自己？”美廉用粉笔在黑板上重重地写下这几个字。

她写字时用力极猛，有力透纸背的气势。写完这个问题，她停下

笔来歪着头，回头看着发问的同学，然后嫣然一笑，回过头来，在黑板上龙飞凤舞地写了起来：

我好可爱！
我的腿很长很美！
爸爸妈妈这么爱我！
上帝这么爱我！
我会画画！我会写稿！
我有只可爱的猫！

所有听到她这么说的人都沉默了。面对众人的沉默，她在黑板上写下了她的结论：“我只看我所有的，不看我没有的。”

我们会看到，在她的脸上，有一种永远也不被击败的傲然。

无独有偶。

在纽约市中心办公大楼里，有一个开货梯的人，由于一次意外，他的左手齐腕被砍断了。一天，有人问他会不会因为少了那只手觉得难过，他说：“不会，我根本就不会想到它。只有在要穿针引线的时候，才会想起这件事情来。”

其实，当我们降生到这个世界上，命运就平等地赋予我们每个人这样或那样的优点和缺点。如果我们要做一个富有个性和追求快乐的人，我们就要宽容地对待自己，喜欢自己的优点，宽容自己的缺陷，保持自己的本色，依照自己的条件去充分发展，这样我们就可以摆脱自卑的阴影，享受到许多从未想过的幸福，让自己的人生变得与众不

同，甚至可以取得伟大的成功。

你就是你自己，不要埋怨，也无需强求，因为这世界上根本就没什么完人。做大事、做小事都必须有真正的自己，把自己搞成假钞票，就没有价值了。换言之，我们的价值是由我们自己认定的，如果你觉得自己是一块宝玉，那么真正认识宝玉的人就会认识你，珍惜你，将你打磨到最好的状态，并且用最美丽的盒子包装你，将你卖给最值得拥有你的人。你的价值就会在那一刻得到最完美的体现。

但是我们也要知道，事物的价值是随时变化的，要看它处于什么位置，为哪些人所评价。也许现在的你一事无成，平平庸庸，但是没有关系，只要看到自己的闪光之处，并竭尽全力发挥它，那么你就一定会有光彩照人的一天。

因此，请珍惜自己，疼爱自己，那样我们才会获得更多的快乐和满足。另外，喜欢自己，在一种快乐的心境中释放我们的心情，我们也能体会到心灵世界深处的那份宁静和美好。

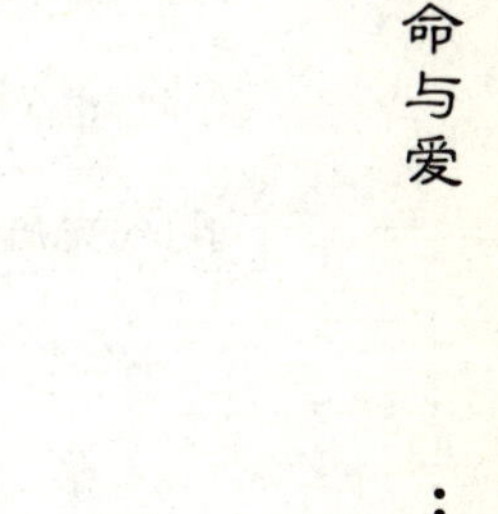

◎ 爱上自己

"爱自己"这是一个老生常谈的话题，但尽管如此，很多人并不能真正、完全、理性地理解爱自己的含义，即使我们很多人都知道这将严重影响我们原本应当更加灿烂的人生，但是我们就是找不到爱自己的理由，无法好好地爱自己。

其实，世界本就是一个有爱的世界，人间也是一个有爱的人间。但是，这种爱是博大的，是更广泛意义上的一种爱。我们的爱是小爱，我们要爱别人，也要爱自己。爱自己是一切爱的基础。因为只有爱自己的人，才知道如何爱他人。这是乔·贝顿的亲身经历，他为很多需要爱自己的人讲过下面这件事：

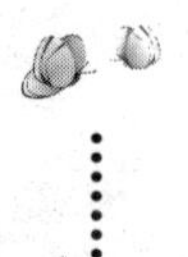

有一次，我受邀请前往外地发表有关高效率管理的演讲。当晚，主办单位的几个人请我吃饭，顺便聊聊第二天来听演讲的听众。

艾德显然是这几个人的老大，块头很大，声音十分低沉。他告诉我，他是一家大型国际企业的经理，主要负责到一些分公司去处理公司内部较为棘手的人事问题，终止一些高级主管的聘用。

他对我说："我十分期待你明天的演讲，因为这些人在聆听过你的高见后就会知道我的管理方式是正确的。"他得意地对我笑道。

我微笑不语，因为我知道明天的情况可能会让他有所失望。

第二天，艾德表情木然地听完全场演讲，然后一言不发地离开

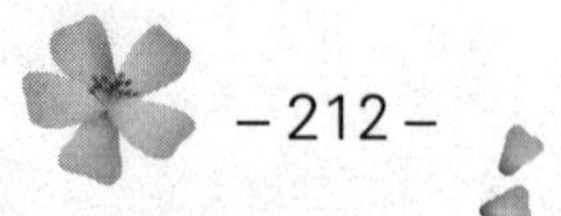

会场。

三年后，我重返旧地，向那些听众发表另一篇有关管理的演讲，我在听众群中又发现了艾德。就在演讲即将开始前，他突然站起来，扯着喉咙问我：“乔，我能先讲几句话吗？”

我说：“当然，你身材如此魁梧，你爱讲几句就讲几句，我不敢拦你。”

艾德说：“在座的各位都认识我，其中有些人还知道我近来的改变，今天我想把亲身的体验与各位分享。乔，想必我这番话会让你感到欣慰。”

“在三年前的一场演讲中，乔曾表示，若想培养坚韧的意志，首先就该学习向身旁最亲近的人说声‘我爱你’。起初我对这点颇不以为然，心想这种肉兮兮的话和意志坚韧能扯上什么关系？乔说，坚韧与坚硬不同，坚韧如同皮革，坚硬则像花岗岩，而一个意志坚韧的人应该是思想开通，不屈不挠，行为自律，做事灵活。我赞同这些话，可是令我不解的是，这与爱有什么关系呢？”

“那晚，我和太太两人坐在客厅的两端，脑中仍想着乔的话。我突然发现自己竟然没有鼓起勇气向太太表示爱意，我清了好几次喉咙，但话到了嘴边，只含糊地发了些声音，其余的又吞了回去。太太抬起了头，问我刚才嘟哝了些什么，我若无其事地回答说没事。然后我突然起身走向她，紧张地将她手上的报纸拿开，然后说：‘艾丽斯，我爱你。’她好一阵子说不出话来，泪水涌上她的眼眶，这时她轻声地说：‘艾德，我也爱你，这是你25年来第一次开口说爱我。’”

“我们当时感慨万千，深深体会到爱的力量是伟大的。然后，我立刻拔通了在纽约的大儿子的电话，我们已经许久没有联络过了。当我一听到他的声音的时候，我立刻脱口而出的话就是：‘儿子，也许你以为我喝醉了，但我现在很清醒。我打电话来只是想告诉你——我爱你。’”

“儿子在话筒那端沉默了片刻，然后语气平静地说：‘爸，我知道你爱我，真高兴能听到你亲口告诉我，我也要对你说——我爱你。’”然后，我们开始闲话家常，聊得十分愉快。接着，我又打电话给在旧金山的小儿子，跟他说了同样的话，结果我们父子畅谈了许久，那是一种我从未体验过的温馨的感觉。

“那晚我躺在床上沉思，终于领悟了乔所说的那番话的深一层的意义：如果我能真正地了解以爱待人的含义而且身体力行，一定能对我的管理方式产生正面的影响。”

“之后，我开始阅读相关题材的书籍，从中学到不少做人的宝贵经验，这使我更加深刻地体会到了这套哲学在生活各个层面所能起到的作用，无论是家庭或是工作。”

“也许有些人知道，我已经彻底改变了与人共处的方式。我开始仔细倾听他人的想法；我学会多欣赏他人的长处，少计较他人的短处；我也体会到帮助别人建立信心的那种快乐。然而最重要的是，我现在了解，尊敬他人的最佳方法，便是鼓励他们发挥自己的能力，来达到大家共同努力的目的。”

“乔，借着今天这个机会，我要跟你说声‘谢谢’。顺便跟大家

说一下，我现在是公司的副董事，领导能力颇受肯定。”

其实，我们有很多人都跟我一样，我们一直都爱我们身边的人，你的父母、你的爱人、你的孩子，等等，那为什么不告诉他们呢？

是的，我们虽然嘴上不说，但是我们的心里是充满爱的。但是，不要以为你不说他们也一定会知道，他们真的会怀疑，会忘记，即使他们真的知道，他们也希望听到从你的口中说出的那几个字，正如你一样，说出来吧，这会产生神奇的力量。很多时候，说与不说，看似只是一句话而已，但是，它所能产生的效应却是非比寻常。

我们应该懂得，我们有足够的理由爱自己，一是只有我们爱自己，我们才能爱别人，这是因为我们只有自己才是属于自己的；二是只有热爱自己，才能热爱他人；三是只有热爱自己，才能出现和巩固这个不断延长爱的世界。

我们没有蓝天的深遂，但可以有白云的飘逸；我们没有大海的辽阔，但可以有小溪的清澈；我们没有太阳的光辉，但可以有星星的闪烁；我们没有苍鹰的翱翔，但可以有小鸟的低飞。

在这个世界上，在任何一个国度，无论多么拥挤，多么嘈杂，每个人都能找到属于自己的位置，每个人都能发出自己的声音，踏出自己的路途，做出自己的贡献。我们应该相信：正因为有了千千万万个“我”，世界才变得丰富多彩，生活才变得美好无比。那么，我们还有什么理由不爱自己呢？

找一个理由，哪怕是一个借口，认认真真爱自己一次。这一次，无期限。

◎一切从爱自己开始

著名心理学家雅力逊指出，人要先爱自己才懂得去爱别人。因为只有视自己为有价值、有清晰的自我形象的人，才可以有安全感、有胆量去开放自己，去爱别人。

以下几个小问题，可以让你知道你是不是足够爱自己。

第一个问题：你喜欢自己的父母以及他们给你取的名字吗？

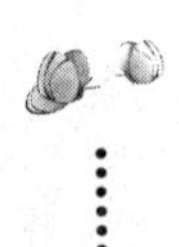

第二个问题：你喜欢自己的才干或学历吗？

第三个问题：你喜欢自己的气质、谈吐、微笑和习惯性的小动作及打喷嚏的声音吗？

如果大家的答案都是两个字：喜欢，那么说明我们都很爱自己。但是我知道，每个人的答案都会不同，因为大家对自己并不满。在现实生活中，有许多人给出这样的答案："不""还好吧""已经这样了，能怎么办呢"，等等，这些答案不免使人产生悲哀：为什么我们总是只会"发现"并且难以原谅自己的错误？

或许每个人都有爱自己的理由，但我们必须清楚，爱自己不等于自恋。谁都可以给自己的爱找一理由和借口，但是切记，那绝对不是以自恋为前提的。爱自己，既是一种孩童般的天真无邪，又带有一种哲人般的知性豁达；既有小女人"喷香水才有前途"的智慧，又有着"自己并没有那么重要"的襟怀和谦逊。总之，就是热爱自己一切与

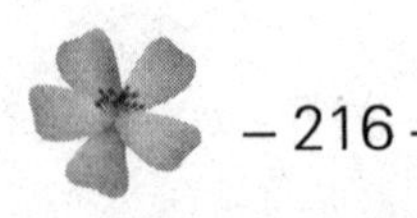

生俱来或亲手打造的东西，并努力发扬光大其中的长处。

凯伦有一位十分能干、上进的丈夫，但她自己却每天都要在家里带孩子。她觉得丈夫正在为自己的前途而奋斗，而她则过着呆板、无趣的生活，因此就迁怒于丈夫，每天从早到晚都在批评这个她当初发誓要去爱、去珍惜的男人，左右都不如意。

凯伦对丈夫变得愈加吹毛求疵，其实这根本不关丈夫的事，而在于她的自我观念。正是由于不喜欢自己，就总觉得自己不如人，所以才一直挑丈夫的毛病。这种做法，几乎将她的婚姻送入了坟墓。

几年后，孩子终于不再需要凯伦每天都贴身照料了。于是，她找了一份工作。但是，她毕竟不是一个十分能干的女强人，而且在家歇了较长一段时间，所以在工作中她的业绩平平。

凯伦感到自己是个失败者，对于自己无法跟别人一样成功而耿耿于怀；她嫌自己身体太胖、鼻子太大，还担心丈夫会看不起她。因为不喜欢自己，凯伦经常神经过敏，自惭形秽。她担心丈夫会移情别恋，因而变得易怒，每天仍然对丈夫喋喋不休地挑剔、抱怨，也无法丢开自己的问题而去真正关心丈夫。

久而久之，凯伦的态度令丈夫感到再也无法忍受下去了。他认为凯伦并不爱他，终于提出分手。一个原本不错的家庭，就这样分崩离析了。

其实，埋葬凯伦幸福婚姻的真正“杀手”不是别人，正是她自己。

我们可以试想一下，如果一个人不喜欢自己，就不会相信自己还能讨人喜欢；如果一个人不能欣赏自己，就会走进总是跟别人攀比

的陷阱；如果一个人总是盯着自己的短处，就等于期望别人也只看他的短处，因此，在下意识里总是等着被别人拒绝或是与人为敌。所以说，是那些情绪包围和左右了凯伦。

其实，每个人都有缺点和短处，要想与人建立良好的人际关系，就必须首先接受并不完美的自己。谁都不可能十全十美，所以我们必须正视自己、接受自己、肯定自己、欣赏自己，对自己要有恰到好处的自尊自重。

有一位哲学家说："学会爱自己是人世间最伟大的一种爱。"爱是一切爱的基础和根源，只有当你停止对自己不利的批评，懂得呵护自己的时候，才能解放自我而去欣赏或赞美别人，也才能戒掉刻薄的批评，去除"你多我少，你好我坏"这类伤人伤己的念头，你会获得更好的人际关系。

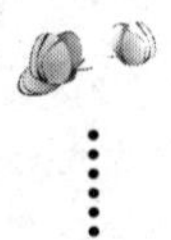

我觉得不爱自己的人，是不明智的；不爱自己的人，就是在自讨苦吃，就是在拒绝社会，就是逃避他人。一个人如果不爱自己，当别人对他表示友善时，他会认为对方必定是有求于自己，或是对方一定也不怎么样，才会想要和自己为伍。这种人会不断地批评自己，从而使别人感到他有问题而尽量避开他；这种人害怕别人越了解自己就会不喜欢自己，所以在别人还没有拒绝之前，其潜意识里就会先破坏别人的好感。

其实，要去爱别人的时候，我们都会不自觉地只展露自己的长处，而接触越久，沟通越多，真正的自我便会无所遁形。一个缺乏自信的人，往往会害怕坦诚，以为让对方透彻了解自己之后，必定会拒

绝自己、离开自己。而一个憎恨自己的人，甚至可能会埋藏自己，拒绝与人交往，更遑论与人深交和相爱了。

爱自己，或称自爱，是与自私、以自我为中心不同的一种状态。自私、以自我为中心是一切以私利为重，不但不替人家着想，更可能无视他人利益，为求达到目的不择手段。爱自己，就要会照顾和保持自己、喜欢自己、欣赏自己的长处，同时也要接受自己的短处，从而努力改善自己，以臻至善。

一个人，在懂得欣赏自己之后，便会知道如何欣赏别人；在掌握保护自己的方法之后，也会悟出“防人之心不可无，害人之心不可有”的道理，也许这就是推己及人的真谛。同样，只有懂得了爱自己的人，才会有更加合适的方法去爱别人。因为一个不爱自己的人，是不会明白爱别人以及接纳别人的。

因此，若爱，请先爱自己，只有当我们自己觉得这份爱的温度适宜了，我们才可以更好地去爱别人。因为，爱自己，是一切的开始。

◎ 爱需要自由的空间

爱情，一直是人世间经典的话题之一。每个人都希望可以获得一份天长地久的美好爱情，但是爱并不尽如人意，现实太残酷，不断地打碎人们的美梦。

很多人自以为找到了爱情，实际上却是陷入了爱的陷阱。在爱的世界里，很多人无力自拔，一生都是在痛苦中度过。其实，爱不是盲目，不是无可选择，只要你勇敢一点，认识改变自己，就可能走出这个陷阱。

有些人觉得爱得很累，明明相爱是一件美好的事情，有爱人的关怀和呵护，有爱人的陪伴和温暖，但是，很多人却无法体会到这些。究其原因，相爱的双方都没有了自己的空间，这样的爱，没有喘息的机会，自然就会觉得“呼吸困难”。

爱情是一个更加复杂的问题，即使是从一份已经名存实亡的爱情中逃离出来也不是一件容易的事。

李蕊蕊和男朋友分手了，处在情绪低落中，从告诉她应该停止见面的一刻时，李蕊蕊就觉得自己整个被毁了。她吃不下睡不着，工作时注意力集中不起来。人一下消瘦了许多，有些人甚至认不出李蕊蕊来。一个月过后，李蕊蕊还是不能接受和男朋友分手这一事实。

一天，她坐在教堂前院子的椅子上，漫无边际地胡思乱想着。

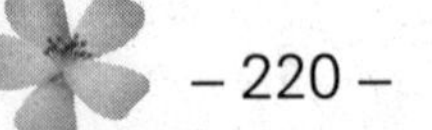

不知什么时候，身边来了一位老行政管理。他从衣袋里拿出一个小纸口袋开始喂鸽子。成群的鸽子围着他，啄食着他撒出来的面包屑，很快就飞来了上百只鸽子。他转身向李蕊蕊打招呼，并问她喜不喜欢鸽子。李蕊蕊耸耸肩说：“不是特别喜欢。”他微笑着告诉李蕊蕊：“当我是个小男孩的时候，我们村里有一个饲养鸽子的男人。那个男人为自己拥有鸽子感到骄傲。但我实在不懂，如果他真爱鸽子，为什么把它们关进笼子，不让它们展翅飞翔，所以我问了他。他说：‘如果不把鸽子关进笼子，它们可能会飞走，离开我。’但是我还是想不通，你怎么可能一边爱鸽子，一边却把它们关在笼子里，阻止它们要飞的愿望呢？”

李蕊蕊有一种强烈的感觉，老先生在试图通过讲故事，给她讲一个道理。虽然他并不知道李蕊蕊当时的状态，但他讲的故事和李蕊蕊的情况太接近了。李蕊蕊曾经强迫男朋友回到自己身边。她总认为只要他回到自己身边，就一切都会好起来的。但那也许不是爱，只是害怕寂寞罢了。

老先生转过身去继续喂鸽子。李蕊蕊默默地想了一会儿，然后伤心地对他说：“有时候要放弃自己心爱的人是很难的。”他点了点头，但是，他说：“如果你不能给你所爱的人自由，那么你就并不是真正地爱他。”

白头偕老，长相厮守固然美好，但是要做到这一点，不是去捆绑对方，“强迫”对方，而是要给他足够的爱的空间，让他愿意带着爱自由飞翔。要知道，爱需要自由的空间。如果你将他死死地拴在身

边，而他的心却早已飞向远方，这是多么悲哀呢？这是你希望得到的“爱情”吗？

生活中一些事情常常是物极必反的：你越是想得到他的爱，越要他时时刻刻不与你分离，他越会远离你，背弃爱情。你多大幅度地想拉人向左，他则多大幅度地向右荡去。

比如，当你发现对方在网上与朋友聊天，或是有其他任何爱好，你可能会觉得他的爱好傻里傻气，但是你千万不可嫉妒他，也不要因为你不能领会这些事情的迷人之处就厌恶他。你应该适时地迁就他，让他有时间，有精力，去做一些自己想做的事情。

很多时候，我们要让爱人独自去做他喜欢的事，使他觉得拥有真正属于自己的东西。毫无疑问，爱人时常需要从捆在他脖子上的爱的锁链里挣脱出来。如果我们能够帮助并支持他们，去培养一些有趣的爱好，给他们合适的机会去享受完全的自由，他们会觉得无比快乐。他们快乐，我们也会快乐，何乐而不为？

李太太已经三次发现丈夫有外遇，而且最近又开始酗酒，还常常对她又打又骂，但她依然想的是如何忍受这种生活，从来没有想过与她的丈夫离婚，逃出这种可怕的折磨。李太太只有32岁，但是看上去已经像是40多岁的样子。她的好朋友关心她、心疼她，问她有什么打算时，她竟认为除了维持现状，别无他路。原来，李太太结婚10年以来，她早已经习惯了依靠丈夫的生活。丈夫就是她的“安全岛”，即使是婚姻出现了问题，她也不会离开。因为她已经习惯了“安全岛”的生活，一旦让她离开，她会无所适从。

李太太告诉她的朋友：“虽然在理智上我也明白，婚姻的结束是我恢复健康和自尊的惟一途径，但我却不能改变自己的绝望。我对人生失去了兴趣，而且简直不能工作。听到收音机里播放一首浪漫的歌，我就会泪流满面。我觉得自己已经跌至谷底，永远没有再感受欢欣的希望了。”

“谷底”是一个可以暂时栖息的地方，不要拒绝承认你的感觉，只有好好地去整理它们，才有可能治愈你的创伤。

生活中，一个人是无比孤独的。所以，我们需要家庭和朋友，这样能够减少我们的孤独感，让我们感觉到安全。但是很多时候，人们之间已经没有爱了，有时候仅仅是为了逃避寂寞而紧紧地纠缠在一起，最终给自己徒增许多烦恼。当你觉得对方带给你的痛苦多于欢乐时，你就应该拿出勇气结束这段感情。你要知道，一个人退出另一个人的生活是很平常的事，只有果断地放弃，才能自我拯救，才会有时间和精力去寻求自己新的幸福。

在清理了我们心灵的部分空间之后，我们开始探索各种道路。这是一条实现自我的道路，在自我轨迹上，我们必须挖掘和发展生命的真实、热情和美好。因为我们还要生活，还要继续我们余下的生命，所以我们应当自信，对生活充满希望。我们要相信，真正的爱是可以超越时间、空间的。

因此，作为婚姻的双方，请留给彼此一些距离，这距离不仅包含空间的尺度，同样包含心灵的尺度：留下你自己独特的性格，不要与他如影随形；留下你自己内心的隐私，不要让他感到，你是曝光后苍

白的底片；留下你一份意味深长与朦胧的神秘……不要试图挽留他离去的脚步，不要幻想他的目光永远倾注于你，一切都应是自然形成。在你们之间留下一段距离，让彼此能够自由呼吸，这样爱才会如影随形，不离不弃，生死相依。

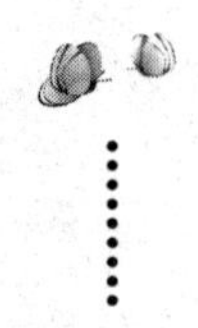

◎ 超越生命之爱

爱，是人世间伟大的情感之一，这种感情无比崇高，能让死神也望而却步。

1997年末，一支欧洲探险队，在非洲撒哈拉大沙漠的纵深腹地，遭遇一场特大风暴。所有的通讯器材和水箱都被风沙摧毁了，这支队伍因此陷入绝境。

后来，搜寻人员几经周折才找到他们，发现除了一对相互嘴贴嘴紧紧拥抱的情人外，其余的人都渴死了。

在这样恶劣的环境下，为什么这对情侣却能绝处逢生，科学家们没有作出更多的说明。但是即使这件事情已经过去很久了，我们依旧无法不去回想那对情侣的遭遇。那场在困难面前互相支持和鼓励的伟大爱情举动，那份爱，留下的是永恒。

在生离死别之际，这对情侣没有懊悔与怨恨，只是相拥在一起，紧贴着充盈着爱情的双唇。这是爱情的最后一次宣誓，也是向人世的慷慨诀别。他们在恐怖的荒漠中，他们没有恐惧惊慌，而是用心灵交流着活下去的信念，以爱来抗争，以爱来自救，使生命超越苦难与死亡的羁绊，让生命的琴弦发出最强的旋律。他们以情爱之躯构筑了一座挚爱的丰碑，让生命和爱情得以永生。

他们是不幸的，这不幸太突兀、太残酷；他们又是幸福的，因为

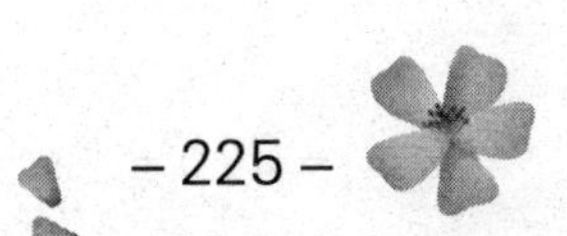

能与深爱的人生死相依。

在法国作家格·福升的著作《吻》中，有这样一段文字：

在接吻的时候，人的甲状腺活动增加，释放出许多激素。同时脉搏跳动加快，高者可达每分钟150下。另外，还有12卡露里热量消耗换得0.7毫克的蛋白质和0.45毫克的酶。大脑这时会产生一种自然止痛剂，使人处于绝对欢乐之中。当然，这一切现象随着接吻的停止也会消失，要得到同样欢乐与满足，只有再一次接吻。

也许，我们可以用这段话对这对情侣的生还多少作一点解释，不管是否有其他更科学的论断，有一个真理是不容置疑的——爱是生命的源泉。

在这个世界上，有无数的爱情故事为我们诠释爱的美好和伟大，我们为之感动，也为欣喜。也许我们大多数人的故事都是平凡普通的，但是我们也有爱的资格和权利，我们也可以在自己的爱情中演绎伟大和美好。平凡才更能彰显伟大。

◎ 心境的爱与真诚

从古至今，爱都是人类心灵中最恒久的一种激情，这种激情也一直是文学创作的动力和催化剂。从原始到今天，人类有过很多歌颂爱的诗篇呢，数也数不清，有过不计其数的伟大爱情故事。这些经典不朽的诗篇和伟大的爱情故事，让我们看到了爱的神圣和可贵，因此渴望有一份至真至诚的爱情。

1911年春天，那是一个阴郁的黄昏，在智利中部的小城斯冷纳街头，突然一声枪响。然后就见一个年轻的小伙子倒在了血泊中。他手中握着一支手枪，发热的枪管还在冒烟。年轻人怅望着天空，眼睛里没有任何神色，脸上笼罩着无限的悲伤和绝望，像是在与这个世界作最后的告别。

后来，人们在他的衣袋里发现了一张明信片，明信片上有他的名字：罗米里奥·尤瑞塔。写这张明信片的是一位姑娘，名字是加勃里埃拉·米斯特拉尔。明信片是拒绝爱情的信，内容简单，文字冷静。

谁也不会想到，一个人，会因为一场悲剧爱情而走向死亡。而更令人没想到的是，一场悲剧爱情成就了一位伟大的诗人。三十多年后，这位写明信片的姑娘登上了诺贝尔文学奖的领奖台，成为“拉丁美洲的精神皇后”，成为闻名世界的诗人。

米斯特拉尔爱过尤瑞塔，但因他们两人志趣不相投，米斯特拉尔

不能忍受，只好提出拒绝。所以，尤瑞塔的死，在米斯特拉尔的心里也留下了难以愈合的创伤。在哀伤和痛苦中，米斯特拉尔找到了倾吐感情、诠释灵魂伤痛的渠道：写诗。

她创作了怀念尤瑞塔的《死亡的十四行诗》，如果你读过此诗，你一定会被诗中那种刻骨铭心的爱，那种发自灵魂深处的真情所感动。她在诗中写道："我要撒下泥土和玫瑰花瓣，我们将在地下同枕共眠……没有哪个女人能插手这隐秘的角落，和我争夺你的骸骨！"她以这组诗参加圣地亚哥的花节诗赛，荣获第一名。

从此，人们记住了她的诗，记住了她的名字。

作为一个杰出的诗人，米斯特拉尔并没有因为男友的离去而无止境地沉浸在个人的哀痛中，反之，她由痛苦而产生的爱如同在风雨中萌芽的种子，在她的心中长成了一棵枝叶茂盛的大树。这棵大树，向世人散发出智慧的馨香和博爱的光芒。

在米斯特拉尔的诗歌中，她着力讴歌男女间的爱情，也歌颂母亲和母爱，歌颂气象万千的大自然，她把爱的光芒辐射到辽阔的地域。她的诗歌，流露出女性的温柔和细腻，表现出悲天悯人的博大情怀。爱人，爱生活，爱自然，这些就是她的诗歌的永恒主题。

在她的散文诗《母亲之歌》中，她把一个女人从十月怀胎到生下孩子的过程和柔情描写得婉转曲折，动人心魄。读这样的文字，能使人感受到一颗善良的母亲之心是多么美丽动人。在她之前，大概还没有一个作家把女人的这种体验表现得如此深刻，如此淋漓尽致。发人深思的是，写出这作品的诗人，自己并没有生过孩子，没有当过母

亲。这一切只因米斯特拉尔胸中拥有作为一个女性的所有爱心。

1945年，米斯特拉尔获得了诺贝尔文学奖，给她的获奖词是——“她那由强烈感情孕育而成的抒情诗，已经使得她的名字成为整个拉丁美洲世界渴求理想的象征”。这是至高无上的评价，但是对于米斯特拉尔来说，她当之无愧。

在中国有一位可以跟米斯特拉尔交相辉映的女作家，她就是冰心。冰心是一位非常了不起的女作家，从1919年在《晨报》上发表第一篇文章开始，冰心就始终以博大而细腻的爱心面对世界，面对读者，使无数人沉浸在她用纯真高尚的爱构筑的艺术天地中。虽然她本人已经离开我们了，但是她那些诗歌、散文，堪称灵魂结晶的伟大作品，将永远照耀着我们，永远温暖着每一个渴望爱的心灵。

爱，让生命充满力量，充满激情。一个人的生命之火，不管曾如何熊熊燃烧，最终都将熄灭。但生命中的爱与激情，却因为光芒闪烁惠及他人而得以延续和光大。爱是不朽的。只有拥有一颗既能被他人感动，同时又能感动他人的心灵，才是真正可贵和可爱的。必须先在内心深处感受到爱，然后才能爱其他的人。

爱，是人们的情感表现，也是人们普遍存在的心理需要。

有位科学家曾说过：“人类在探索太空、征服自然之后，终将会发现自己还有一种更大的能力，那就是爱的力量。当这天来临时，人类的文明将迈向一个新纪元。”

爱的定义有千万种，它是无条件的接受，也是无条件的付出。爱是对善的追求，爱使人摆脱恐惧。有爱就能心生和谐，爱是自然无价

的，它不是理论，也没有要求。既无分别，也无需衡量。爱是单纯的感情、无价的温馨。拥有一份真诚的爱，保持一份单纯的美好，我们会发现这世界格外美丽。